試験に出る哲学

「センター試験」で西洋思想に入門する

斎藤哲也 Saito Tetsuya

NHK出版新書
563

はじめに

本書は、センター試験「倫理」で出題される問題をとっかかりとして、西洋哲学のあらましと大きな流れを解説した本です。

といっても、本書は受験生向けに書かれた学習参考書ではありません。むしろ、興味はあっても哲学にまったく触れたことのない大学生や社会人、哲学の学び直しをもくろむビジネスパーソンにこそ読んでもらいたいと思って書きました。

書店に行けば、すぐれた哲学入門書は数多く並べられています。哲学の歴史からひもとくもの、テーマ別に解説するもの、物語仕立てのものなど、切り口もさまざまです。それらと比べれば、古代ギリシャから二〇世紀前半までの著名な哲学者を順番に解説していく本書の構成はきわめてオーソドックスなものでしょう。端的にいえば、西洋哲学史の入門書ということになります。

では、本書の特徴はどこにあるのか。

形式面では、すでに記したとおり、各節冒頭にセンター試験「倫理」の問題を引用した点が挙げられます。

高校で学ぶ倫理という科目には、宗教、西洋思想、東洋思想、日本思想がぎゅっと詰まっていますが、西洋哲学の部分を取り出すと、入門的な内容がじつにバランスよく配置されています。また、そこから出題されるセンター試験の内容も、それぞれの哲学者の核となる思想を問うものになっている。その意味で、哲学に入門するきっかけとして、センター試験の問題はうってつけなのです。しかも、哲学史上のビッグネームに関しては、過去二〇年くらいの問題で複数回登場しています。本書では、それらの中から、できるだけ学びの糧《かて》になるような問題を精選しました。

むろん、哲学にまったく触れたことのない人は、解けなくて当然です。設問はあくまで道標《みちしるべ》ですから、実際に読む段階では「なるほど、この哲学者については、こういうことが問われているのか」とアタリをつけていただければ十分です。

とはいえ本書は、センター試験の問題を解説する本ではありません。個々の哲学者については、高校倫理の教科書や参考書以上にくわしく解説しています。その点では、倫理を勉強している高校生や受験生にも大いに役立つはずです。

本書の内容的な特徴に関わることですが、既存の哲学史を解説した入門書を見ると、一人の哲学者を見開き二頁で解説するような、極端に単純化したものと、プロの哲学(研究)者の手による非常に歯ごたえのあるものとの二極に分かれがちです。

本書のレベルは、ちょうどその中間から少しやさしめ、といったあたりでしょうか。難易度を五つ星で表すならば、星二つか二つ半ぐらい。サルには読めなくとも、読解力のある中学生ぐらいであれば十分に読みこなせる内容になっています。

また、わかりやすさが売り物の入門書では、難しさを感じさせないように、著作の引用がほとんどありません。なかには、解説している内容の出典元もまったく書かれていないものもあります。

本書も紙数の都合があって、引用は決して「ふんだん」とは言えませんが、「さわり」ぐらいは触れてもらえるように配慮しました。もちろん解説している内容の出典元は文中で明記しています。

取りあげている哲学者に関しては、「試験に出る」と銘打った以上、実際のセンター試験に頻繁に出題される哲学者を中心に選んでいます。そのため、とりわけ第Ⅲ章で扱う一九世紀以降の哲学・思想に関しては、重要な人物が漏《も》れていることは重々承知しています。近現代の哲学者をどこまでカバーするかは悩ましい問題でしたが、「試験に出る」という観点からの人選であることをご了承ください。

本書の構成について、簡単にご紹介しておきましょう。

第Ⅰ章では古代ギリシャと中世哲学、第Ⅱ章ではベーコンとデカルトから始まりヘーゲルに至る近代哲学、第Ⅲ章では一九世紀以降の「近代批判」の哲学をそれぞれ解説しています。

各章の冒頭では、それぞれの時代背景や年表とともに、章全体のガイダンスとなる文章を掲載しています。

各章は、それぞれ六つの節から構成されています。各節を読むにあたっては、導入となる問題を一読して、できれば当てずっぽうでかまわないので、問題を解いてみてください。そのうえで個々の哲学者のエッセンスを解説した本文を読み、最後にもう一度、問題を解き直してみることをおすすめします。おそらくどの問題も、容易に解けるはずです。答え合わせのために、節の末尾には簡単な解説と解答を付けています。

引用した「センター倫理」の問題にチャレンジし、要所に入れたイラストも参考に解説を熟読すれば、古代ギリシャから二〇世紀に至る西洋思想の流れがサクッと頭に入ってくるはずです。

巻末には、さらに哲学を学びたい人のために、ブックガイドを収録しました。これは断言できますが、原典とされる哲学書は、いくつかの例外を除いて、門外漢がいきなり読んでもほとんど理解することはできません。ですから、個々の哲学者に関しても、良質の入門書や解説書の助けを借りるに越したことはありません。ぜひ巻末ブックガイドを活用して、哲学熱を醒《さ》ますことなく、次なる一冊へとお進みください。その橋渡し役ができてはじめて、本書の役割は果たされたことになります。

＊試験問題を引用する際、趣旨を変えない範囲で改変したものがあるほか、表現と体裁を若干、変更したところがあります。また、引用に際して一部ルビを補いました。

試験に出る哲学――「センター試験」で西洋思想に入門する　目次

I　哲学は「無知の知」から始まった

――古代ギリシャ哲学からスコラ哲学へ

Ⅰ章関連年表

年代	主な出来事	主な哲学者
		ミレトスのタレス(BC624?〜546?)
BC500 〜BC449	ペルシア戦争	ヘラクレイトス(BC535?〜475?)
		ソクラテス(BC470〜399)
BC431 〜BC404	ペロポネソス戦争	デモクリトス(BC460?〜370?)
		プラトン(BC427〜347)
		アリストテレス(BC384〜322)
BC334 〜BC324	アレクサンドロス大王の東方遠征	エピクロス(BC341?〜270?)
		ゼノン(BC335〜263)
BC31 〜BC30	ローマによるエジプト併合	
313	ローマがキリスト教公認	
		アウグスティヌス(354〜430)
395	ローマ帝国が東西分裂	
476	西ローマ帝国、滅びる	
527	東ローマ帝国でユスティニアヌス帝即位	
711	西ゴート王国、滅びる	
800	カール大帝戴冠	
962	神聖ローマ帝国成立	
1096	十字軍遠征、スタート	
1215	マグナ・カルタ	
		トマス・アクィナス(1225?〜74)
		オッカム(1285?〜1349?)
14世紀 〜16世紀	ルネサンス	

この章では、紀元前六世紀から一三世紀まで、西欧史の区分では古代から中世までの哲学の流れを追いかけていきます。多くの哲学研究者が指摘しているように、西洋思想は、古代のギリシャ哲学、中世のキリスト教神学という二つを源泉としています。近代以降の哲学を理解するうえでも、古代と中世の哲学者たちが何を問題にしてきたのかということを学んでおく必要があるのです。

西洋哲学は、紀元前六世紀、古代ギリシャのイオニア地方で産声をあげました。イオニア地方とは、現在のトルコ南西部にあたる地域です。イオニア地方の自然哲学者たちは、**当時の中心的な世界観であった「神話」とは別の仕方で、万物の原理を説明しようとしました。**万物は水からできている。万物は空気からできている。万物は原子（アトム）からできている。次々と新手の自然哲学者が登場し、万物の根源をめぐってさまざまな説が提出されたのです（1－1参照）。

イオニア地方という場所で哲学が誕生した理由には諸説あります。当時、このあたりにはミレトスやエフェソスなど、ギリシャの植民市が数多くありました。これらの植民市はギリシャ本土から離れていたため、人々が伝統に縛られることなく自由にものを考えることができたという説もある。また、東方のオリエントと活発な交流があったため、知的な刺激を受けやすかったからという見方もあります。高校倫理の参考書などでは、植民市の住民は奴隷を所有していたため、学問や議論をするだけのヒマがあった、と説明されています。

大昔のことだけに決定的な理由はわかりませんが、いずれにしてもこのイオニア地方を発火源として、さまざまなギリシャ植民市で万物の原理を探求する哲学者たちが生まれていったのです。

前五世紀に入ってアテナイで直接民主政が定着すると、職業知識人のソフィストたちが教える弁論術が流行思想になっていきます。自分に都合のいい主張を強弁する能力がもてはやされたわけです。

そこに登場するのが**「無知の知」**で有名なソクラテスです。彼は、当時アテナイに蔓延《まんえん》していた「言いくるめた者が勝ち」という態度を批判し、**無知の自覚があってはじめて、知を愛し求める哲学**（**フィロソフィー**）**が起動する**ことを、身をもって示し続けました（1-2参照）。そして、その思想を継いだプラトンの**イデア論**（1-3参照）、さらにその弟子のアリストテレスによる**経験重視の哲学**（1-4参照）は、その後の西洋哲学の展開に決定的な影響を及ぼすことになります。

古代ギリシャが没落し、アレクサンドロス大王が世界帝国を築く前四世紀からヘレニズム期がスタートします。この時期、哲学的思索は**心の平安を求める倫理の探求**に向かっていきました（1-5参照）。やがてローマ帝国の時代にキリスト教が成立し、帝国内で影響力を拡大するにつれ、教義に関する論争も活発になり、**プラトン哲学を下敷きにした神学**が形成されていきます。その代表格がローマ帝国末期から中世初期にかけて活躍したアウグスティヌスです（1-6参照）。

ローマ帝国崩壊後、キリスト教（教会）は中世社会の支配的な原理となり、人々の生活に圧倒的な影響力を及ぼしていきます。一般に中世の哲学は**「スコラ哲学」**と呼ばれます。「スコラ」はラテン語で、「キリスト教の神学校」の意。スクールの語源ですね。教会に付属する神学校で教えられていた神学は、時代が下って体系化されるとともに、大学の講義科目にもなっていった。このスコラ哲学の大成者と目されるのが一三世紀のトマス・アクィナスであり、その思想はアリストテレス哲学を血肉化することによって形成されていきました（1-6参照）。

はたして、プラトンやアリストテレスは、中世哲学（神学）にどのように受容されていったのか。そんなことを念頭に置きながら、本章を読み進めてみてください。

1 - 1

「ソクラテス以前」に何が起きたのか？　神話から理性へ

まずは、センター試験の問題を引用しましょう。古代ギリシャの哲学者たちについての問題です。問題じたいは非常に容易で、哲学についての知識がなくとも解答可能かもしれません。では、なぜこの問題を引用するのかというと、資料文が古代ギリシャ哲学のポイントを明快に述べているからです。

問1　**次の文章の[　　]に当てはまるものを、❶～❹のうちから一つ選べ。**

古来、偉大な哲学者や宗教家は、伝統的権威や既存の価値観などと対決しつつ、自らの思想を生み出してきた。古代ギリシャの思想家であるクセノパネスは、「死すべき人間どもは、神々が自分たちと同じような装いや声や姿をもって生まれ出たものと思っている」と述べ、ギリシャ神話における［　］を批判している。ギリシャの哲学者たちは、当時の社会において支配的であった神話を批判することから出発して、神についても理性的な探究を行ったのである。そこに表明されているのは、自分の内なる理性によって、自然や人間社会を支配する理《ことわり》を解明しようとする姿勢である。

❶アニミズム的な神観念
❷一神教的な神観念
❸理性主義的な神観念
❹擬人的な神観念

（二〇〇二年・センター本試験　第1問・問1）

古代ギリシャの神話的世界観

まずは、古代ギリシャについて簡単に説明しておきます。古代に「ギリシャ」という一つの国があったわけではありません。古代ギリシャ人たちは、地中海の各地に植民し、紀元前八世紀ごろから「ポリス」と呼ばれる都市国家をつくっていきました。その数は、千数百にのぼると推定されています。

ただ、彼らは、国家としてはバラバラですが、同じギリシャ語を話し、同じ神々を信仰するという点で同胞意識を共有していました。だから「古代ギリシャ」と括《くく》ることもできるわけです。

章冒頭でふれたとおり、西洋哲学の歴史は、この古代ギリシャのイオニア地方にある植民都市ミレトス（現在のトルコ沿岸、アナトリア半島南西部）を舞台に幕を開けました。

哲学史の本をひもとけば、必ず最初に登場するのは「万物の根源（アルケー）は水だ」と唱えた**タレス**（前六二四頃〜前五四六頃）です。では、なぜタレスが最初の哲学者とされているのでしょうか。

その理由は、引用した資料文と関係しています。「ギリシャの哲学者たちは、当時の社会において支配的であった神話を批判することから出発し」たと書かれていますね。

当時の古代ギリシャ人に、共通の世界観を与えていたのは「**神話**」でした。古代ギリシャ・ギリシャ神話研究家の藤村シシンさんは、『古代ギリシャのリアル』という本で次のように述べています。

彼らにとっての神話は、科学であり、歴史であり、政治であり、そして時には戦時において人間の生死にも影響力を持つ、きわめて現実的で致命的な物語でした。(『古代ギリシャのリアル』実業之日本社、四六－四七頁)

当時の神話は、ホメロス(前八世紀)の『イリアス』『オデュッセイア』やヘシオドス(前七〇〇頃)の『神統記』などで読むことができます。最高神ゼウスは、雨や雷、嵐を呼び、ゼウスの兄弟である海神ポセイドンは、地震や津波、洪水を引き起こす。神々の系譜を記した『神統記』では、カオス(混沌《こんとん》)からガイア(大地の女神)、タルタロス(冥界《めいかい》)、エロス(愛の神)が生まれ、ガイアは天空の神ウラノスや海洋神ポントスを産んだといった物語によって、天地創造が説明されています。

古代ギリシャ語では、神話を「ミュトス mythos」といいます。古代ギリシャの人々は、昔から伝えられてきた神々の物語を通じて、自然現象も歴史も理解していた。人間の欲望や感情だって、神々から吹き込まれたものだと考えていたのです。

そして、こうした「神話的世界観」を打ち破ったのが、タレスをはじめとした、イオニア地方の自然哲学者たちでした。

タレスはなぜ「最初の哲学者」といわれるのか

タレスたちは、**この世界の森羅万象《しんらばんしょう》を神々の物語ではなく、人間のロゴスによって合理的に説明しようとしました**。ロゴスとは、言葉、論理、理法、理性といった意味をもつギリシャ語で、日本語でいえば、「理《ことわり》」に近い言葉です。

タレスの「万物の根源（アルケー）は水である」という言葉を考えてみましょう。「アルケー」とは、根源や原理、はじまりという意のギリシャ語です。

この世界が水からできているという説明じたいは、タレスの専売特許ではありません。エジプトやバビロニアなど古代オリエントにも、水の神からすべてが生じるという神話があります。

しかし、タレスが着目した「水」は、水の神ではなく、**目の前に見える自然のなかの水**でした。このことを、のちに詳しく見る古代ギリシャの哲学者アリストテレス（前三八四〜前三二二）は、次のように説明しています。

タレスは、あの知恵の愛求〔哲学〕の始祖であるが、「水《ヒドール》」がそれ〔=原理《アルケー》:引用者注〕であると言っている。(それゆえに大地も水のうえにあると唱えた。)そして、かれがこの見解をいだくに至ったのは、おそらく、すべてのものの養分が水気《みずけ》のあるものであり、熱そのものさえもこれから生じまたこれによって生存しているのを見てであろう、しかるに、すべてのものがそれから生成するところのそれこそは、すべてのものの原理《アルケー》〔始まり・もと〕だから、というのであろう。(アリストテレス『形而上学(上)』出隆訳、岩波文庫、三二―三三頁)

タレス自身の著作は残っていないので、このアリストテレスの説明が、タレスを最初の哲学者と見なす重要な証言とされています。アリストテレスの推測を信じるなら、タレスは、草木も動物も水を養分としていることを観察した結果、「万物の根源は水である」という結論にたどりついたことになります。この考え方のなかには「神」は入ってきません。つまりタレスは、神話的世界観から抜け出し、森羅万象を理性(ロゴス)によって説明しようとした。標語的にいえば、**「神話(ミュトス)から理性(ロゴス)へ」という世界観の転換**が起きたといっていいでしょう。

ミュトスからロゴスへ

タレスへのツッコミ

面白いのは、タレスに対してすぐに反論が登場することです。

タレスの弟子である**アナクシマンドロス**（前六一〇頃〜前五四七頃）は、火や土が水からできているとは思えなかった。そこで万物の原理を、具体的な性質をもたない**「無限定なもの」**と説きました。タレスに比べて、ぐっと抽象度が高まっていますね。水や火、土のように特定の物質を万物の根源と考えると、説明に無理が生じる。だから、「無限定なもの」という非常に抽象的なものこそが万物の原理だといったわけです。

じゃあ、その「無限定なもの」っていったい何なのか？　そうツッコミたくなる読者もいるでしょう。アナクシマンドロスの弟子とされる**アナクシメネス**（前五八五〜前五二八頃）も同じように疑問をいだき、万物の根源は**「空気」**だと言いました。

原子や分子、素粒子ということを知っている現代人の感覚からすると、素朴な答えのように見えますが、水よりも空気のほうがさまざまな事物に変化しやすい感じはします。空気が濃くなると雲や水になると言われれば、そうかもしれないと思います。また、空気は「無限定なもの」のように抽象的ではなく、日常的に経験できるものです。その意味で、アナクシメネスの「万物の根源は空気である」は、タレスとアナクシマンドロス双方の弱点を乗り越えようとした考察だったわけです。

アナクシメネスには、次のような著作の断片が残されています。

> 空気である私たちの魂が、私たちをしっかりと掌握しているのと同じように、気息と空気が宇宙《コスモス》全体（自然万有）を包み囲んでいる。（廣川洋一『ソクラテス以前の哲学者』講談社学術文庫、六〇頁）

ここで重要なのは、人間の魂（プシュケ）も空気と考えられていることです。アナクシメネスにかぎらず、古代ギリシャの自然哲学者にとって、**自然を意味する「ピュシス」とは、単なる物質的な自然ではなく、魂や生命、そして神までも包み込んだ「森羅万象」を意味していました。**ゆえに、彼らは神話的な説明は拒絶しますが、決して神々の存在を否定したわけではありません。タレスの言葉とされる「万物は神々に充《み》ちている」というフレーズからもそのことはおわかりいただけるでしょう。

「万物の本質」って何だ？

こうしてミレトスに端を発した、万物の原理を求める哲学は、古代ギリシャの各地で豊かに展開していきます。

三平方の定理で有名なピタゴラス（前五七〇頃〜前四九六頃）は、イタリアのクロトンで、弟子たちとともに**ピタゴラス教団**を形成しました。ピタゴラス教団は**「万物は数である」**と考え、彼らの哲学はのちに見るように、プラトンの哲学形成に重大な影響を及ぼします。

ミレトスより少し北にあるエフェソスでは、「万物は流転《るてん》する」で知られる**ヘラクレイトス**（前五三五頃〜前四七五頃）が独特の哲学をつくりあげています。「万物は流転する」じたいは後世につくられた言葉ともいわれ、ヘラクレイトス自身が残した言葉としては、「同じ川には二度入ることはできない」が知られています。

ヘラクレイトスは毒舌や晦渋《かいじゅう》な言葉遣いから「暗い人」「謎をかける人」と呼ばれていました。あまりつきあいたくない人物ですが、意外とファンも多く、後世のハイデガーも大のヘラクレイトスびいきでした。

さて、「万物流転」というと、万物の原理など存在しないように思えるかもしれませんが、ヘラクレイトスは、「万物は火の交換物であり、火は万物の交換物である」という言葉も残しています。火をエネルギーのように捉え、そこから永遠に生滅《しょうめつ》する火を、万物の根本原理と考えたのかもしれません。「謎をかける人」にふさわしく、残された言葉も謎めいていますが、彼は**万物の「変化」を重視しながらも、それらに共通の「理（ロゴス）」があることも強調**したのです。

変化を強調するヘラクレイトスと対照的なのが、南イタリアのエレア出身の**パルメニデス**（前五一五頃～前四四五頃）です。パルメニデスは、「ない（あらぬ）」ところから、「ある」が生じることはないし、「ある」が「ない（あらぬ）」に変化することはないと、きっぱりと言いました。

いったいどういうことか。直観的に説明すれば、たとえば水を温めれば蒸発しますが、だからといって、水素も酸素も消えたわけではありません。これを極度に抽象化すれば、「あるものはある」ことになり、事物がゼロから生まれて変化する「生成《せいせい》変化」や「万物流転」は否定されます。したがってパルメニデスにとっては**「ある」こそが万物の本質**なのです。

そして原子論が登場した！

さて、みなさんはパルメニデスの考え方に納得できるでしょうか。実際に、世界は多様に変化しています。いっさいの生成や変化を否定する考え方など、簡単に納得できるものではありません。そこで「万物流転」と「あるものはある」のどちらも説明するような考え方も登場します。

エンペドクレス（前四九〇頃〜前四三〇頃）は、**世界の根源は、土・水・火・空気という四つの元素である**と考えました。彼によれば、四つの元素は、愛の力（結びつける力）と憎しみの力（引き離す力）によって集合離散を繰り返す。そうして万物は生まれたり壊れたりするというわけです。

この考えを洗練させたものが、**デモクリトス**（前四六〇頃〜前三七〇頃）の**「アトム（原子）」**です。デモクリトスのいうアトムとは「それ以上、分割できないもの」という意味であり、近代科学の「原子」に非常に近い。万物の根源はアトムであり、多種多様なアトムが何もない空間を運動し、さまざまに結びつくことで世界はつくられるというのがデモクリトスの説く原子論なのです。

ただし繰り返しになりますが、エンペドクレスにせよデモクリトスにせよ、彼らの考える元素やアトムは、無機質の物質ではありません。四元素もアトムも生きた物質なのです。

ここまで見てきたように、古代ギリシャで活躍した初期の哲学者たちには、自然的な秩序と人為的な秩序という区分けはなく、人間も動植物も含めたあらゆる事物に共通する原理を探求しました。それが大きく変化するのが、次節で見るソフィストやソクラテスの時代です。

解答と解説

「死すべき人間どもは、神々が自分たちと同じような装いや声や姿をもって生まれ出たものと思っている」とは、神々を人間と同じような姿をしていると考えることですから、❹「擬人的な神観念」が正解です。

冒頭でも述べたとおり、この資料文は古代ギリシャ哲学の要点をすっきりと述べています。あらためて資料文を読み直すことで、この節の復習にもなるでしょう。

1-2

「無知の知」って何だ？ ソクラテスvs.ソフィストの攻防

次に引用するのは、有名な「**無知の知**」に関する設問です。ソクラテスと対話する人物がどのように「無知」を自覚したのかを問うている点がユニークですが、前節の問題と異なり、「無知の知」を正確に理解していないと歯が立たないでしょう。

問2 **次の文章の傍線部に関して、プラトンの対話篇に登場する人物が「無知の自覚」を表明したものとして最も適当なものを、❶〜❹のうちから一つ選べ。**

初期ギリシアの自然哲学者たちは自然を探究対象とし、万物の始源の究明に専心したとされるが、そこには自然の一部をなす人間の根源的な在り方を探るという意図が含まれていた。ヘラクレイトスは万物流転説を提唱しつつ、「私は自己自身を探究した」という言葉を残している。このような自己探究の精神は、ソクラテスへと受け継がれていく。ソクラテスは、対話問答による吟味を通して人々を自分自身についての思い込みから解放し、無知の自覚に根ざした真実の自己と向き合わせることに尽力した。

❶ソクラテスは相手に対して質問するばかりで、自分の方からは何一つ答えようとしない。答えるよりも問うことの方が簡単だということをよく知っているものだから、誰かに質問されると空とぼけて、あれこれ言いつくろっては答えるのを避けるのだ。

❷ソクラテスは自ら困難に行き詰まっては、他人も行き詰まらせてしまう。これまで大勢の人々に向かって徳について私が語ってきた話は、自分では立派な内容だと思っていた。ところが、今では徳とは何かということさえ語ることができなくなった。

❸対話問答を通して議論を進めていくソクラテスの熱意は、称賛に値する。私は悪い人間ではないし、また私ほど嫉妬《しっと》心から縁遠い人間はいないので、ソクラテスが知

恵にかけて有数の人物の一人になったとしても、決して驚かないだろう。

❹ソクラテスという人は、いつもこうなのだ。ほとんど取るに足らないような事柄を問い返しては、相手を反駁《はんばく》しようとする。もし誰かが何事につけてもこの人の言うことに同意してやったなら、この人ときたら、まるで若者のように大喜びするに違いない。

（二〇〇三年・センター追試験 第1問・問4）

ポピュリズム、アテナイを覆う

最初に、ソクラテス（前四七〇～前三九九）が登場した頃のアテナイについて簡単に説明しておきましょう。

紀元前六世紀を通じて、アテナイでは民主政治の土台が形成され、前五世紀には、すべての成人男性に政治参加を認める直接民主的な政治システムが実現しました。ただ、女性や奴隷には政治参加の権利は認められなかったことも忘れてはいけません。

アテナイで民主政が発達した背景の一つに、ペルシア戦争の海戦で活躍した無産市民の政治的発言力が増大したことが挙げられます。

しかしそれはまた、民主政の衰退の始まりでもありました。現代的にいえば、ポピュリズムがアテナイを覆《おお》っていき、口達者な人間が幅を利かせる世の中になっていく。どこか現代にも似た光景がすでにアテナイにも出現していたのです。

少し難しい言い方になりますが、こうしたアテナイの状況は、**ピュシス（自然）の秩序とノモス（人為）の秩序が乖離《かいり》していったこと**を示しています。古代ギリシャの自然哲学者たちは、人間もまた自然（ピュシス）の一部、宇宙の一部である以上、人間の営みである政治的秩序も、自然的な秩序と不可分の関係にあると考えていました。つまり万物の理《ことわり》はまた、人間の行動を説明する理《ことわり》でもあったわけです。

しかし民主政治の爛熟《らんじゅく》により、政治はもっぱら人為的な技術（ノモス）として理解されるようになりました。端的にいえば、伝統的な価値観や慣習法は捨て去られ、個人主義を前提にした政治が生まれていく。この点でも、アテナイの民主政と近代民主主義の盛衰とはどこか重なって見えます。

ソフィストの相対主義

こうした時代に現れたのが、ソフィストとソクラテスです。

ソフィストとは**ソフィア**（知恵）**のある人**を意味しますが、前五世紀のアテナイでは、報酬と引き換えに教養や弁論術を教える職業教師のことをソフィストと呼びました。彼らは、自然哲学者のように万物の原理を探求するのではなく、もっぱら政治の場で人々を説得するための弁論テクニックの教授に意を注ぎ、多額の報酬を得ていました。

ソフィストに共通する価値観は、**プロタゴラス**（前四九〇頃～前四二〇頃）の「人間は万物の尺度である」という言葉に象徴されます。つまりソフィストたちは、何が正しく何が正しくないかは、個々の人間の尺度しだいという相対主義的な価値観にもとづき、**人を上手に言いくるめられるような説得のテクニック**を市民に売り込んでいったのです。

「正しくあることではなく、正しく思われることをこそ望むべきである」（グラウコン）、「〈正しいこと〉とは強い者の利益になることにほかならない」（トラシュマコス）など、普遍的な正義など歯牙《しが》にもかけない彼らの主張が浸透するにつれ、アテナイ市民たちは、富や権力、名誉ばかりを追い求めていくようになりました。

さらに、アテナイ連合とスパルタ連合とが対決するペロポネソス戦争期（前四三一～前四〇四）には、アテナイに衆愚政治家（デマゴーグ）が次々と現れ、アテナイはスパルタに敗れてしまいました。貨幣経済の発達と度重なる戦争は、貧富の差を拡大させ、平等を旨とするポリスの原理を蝕《むしば》んでいきます。

こうした危機の時代にあってもなお、「強い者が正義」と言って憚《はばか》らないソフィストに真っ向から対立したのが、哲学者ソクラテスでした。

ソクラテス＝プラトン？

ソクラテスは「フィロソフィー」（知を愛すること）という言葉を最初に使った人物といわれています。ただし、ソクラテス自身は一冊も本を書いていません。

そのため、私たちは、ソクラテスを描いた作品やテキストを通じてしか、ソクラテスを理解する手立てはありません。ここでは通例に従って、ソクラテスの弟子であるプラトンの作品から、ソクラテスの思想を考察していくことにしましょう。

が、プラトンの著作に絞っても、私たちは別種の困難に突き当たります。プラトンには数多くの作品がありますが、そのほとんどは、ソクラテスを主人公にして対話調で書かれています。そして作品によっては、ソクラテスの言葉と見せかけて、プラトン自身の思想を語らせていることも多いため、両者を厳密に分けることはできないのです。

ただ、一般的には『ソクラテスの弁明』『クリトン』など初期の対話篇は、比較的ソクラテスの思想に忠実に書かれていると考えられています。これから紹介するのも、プラトンの初期対話篇に描かれたソクラテス像であることを頭に留めておいてください。

「無知の知」はいかに自覚されたか

ソクラテスはじつに不思議な哲学者です。

あるとき、彼の友人がお節介にも、デルフォイの神殿で「ソクラテスより知恵のある者はいないか」と尋ねました。神殿にいた巫女《みこ》の答えは「誰もいない」。巫女の口から出た言葉は神託《しんたく》、つまり神のお告げなのですから、神が「ソクラテスはいちばんの知恵者」だと請け合ったことになります。

友人からこのことを聞いたソクラテスは当惑しました。自分は知恵なんかないと自覚している。なのになぜ、神は自分を指して、いちばん知恵があるなんて言うのか。

そこで彼は、神のお告げは間違っていることを証明するために、知恵者として知られる人物を訪ねて、問答するのです。

ところが期待に反して、その人物は自分で知恵があると思い込んでいるけれど、そうではないことがソクラテスにはわかっていきます。

無知の知

知恵があると思い込む人物　　自分の無知を知るソクラテス

この男は、知らないのに何か知っているように思っているが、わたしは、知らないから、そのとおりにまた、知らないと思っている。（プラトン『ソクラテスの弁明ほか』田中美知太郎訳、中公クラシックス、一九頁）

それでもソクラテスはあきらめず、自分より知恵のある人物がいることを確かめるために、政治家や作家、職人を次々に訪ね、問答を繰り返したものの、結果は同じでした。

こうしてソクラテスは、神託の意味を、**「自分が何も知らないということを、ソクラテスは他の誰よりも知っていること」**だと結論づけました。これがかの有名な「無知の知」ということです。

ソクラテスの手法は「ツッコミ」だった

以降、彼はアテナイ市内をうろつきまわって、人々と対話問答を重ねていきました。その一例として、『メノン』という対話篇の冒頭を見てみましょう。

メノンという青年は、弁論術の練習に励んだ成果を試そうと、ソクラテスにこんな問いを投げかけます。

> ソクラテス、あなたにおたずねします。お答えください。徳《アレテー》は教えられるものでしょうか？　それとも訓練によって身につくものでしょうか？　それとも徳《アレテー》は、訓練によって身につくものでも学ぶことのできるものでもなくて、生まれつきか、何かまた他のしかたで人々に備わっているものなのでしょうか？（プラトン『メノン――徳《アレテー》について』渡辺邦夫訳、光文社古典新訳文庫、一一頁）

それに対するソクラテスの答えは、「わからない。私は、徳とは何であるかを知らないのだ」というものです。そもそも徳が何であるのかを知らなければ、徳がどういうふうに備わるかなんて答えることはできません。そこでソクラテスは、メノンに対して「徳とは何であるか」を答えてくれ、と促します。

メノンは、お安い御用とばかりに、「男の徳は……、女の徳は……」と説明し、それ以外にも、子どもの徳、年長者の徳、奴隷の徳など、無数に多くの徳があると答えました。

でも、ソクラテスが求めているのは、「徳とは何であるか」という徳の本質です。メノンが挙げる徳は、はたして別個のものか？　共通点があるんじゃないか？　ソクラテスは次々とメノンを問い詰めて、メノンが何かを答えるたびに、その矛盾を指摘して論破していくのです。

『メノン』に見られるように、ソクラテスが、相手に「無知の知」を自覚させるためにとった問答法を「**産婆術**」といいます。産婆（助産師）の助けがなければ、妊婦の出産は困難です。産婆と妊婦が協同して出産するように、ソクラテスも対話相手も、**自分の無知を自覚しながら対話を通じて、ドクサ**（**偏見・思い込み**）**をつきやぶり、「真の知識」をめざすこと**——それがソクラテスにとっての哲学でした。

こうしたソクラテスの問答に特徴的な手法が「**エイロネイア**（**アイロニー**）」です。「皮肉」

「空とぼけ」「しらばくれ」など、いくつかの訳語がありますが、哲学者の千葉雅也さんが『勉強の哲学』（文藝春秋）で述べている、「ツッコミ」がわかりやすいと思います。「わからない。それはなぜ？　それってどういうこと？」と、相手の答えにツッコミ続け、無知を自覚させる。それがソクラテス流の「エイロネイア」です。

相対主義への命がけの抵抗

具体的かつ実践的な知識を教えようとするソフィストに対して、ソクラテスは「徳とは何であるか」「善とは何であるか」という**本質**にこだわりました。

すでに見たように、ソフィストは相対主義的な価値観に立つ以上、普遍的に正しい知識があることは認めません。それに対してソクラテスは、無知の自覚を通じて、普遍的な真理に近づこうとしました。

しかし、その甲斐むなしく、前三九九年に、ソクラテスは「アテナイの認める神々を認めず、ダイモン（鬼神）を信じている」「青年たちを堕落させた」という罪で告発され、アテナイの市民裁判にかけられます。ソクラテス裁判に関しては、実際は政治的な対立や思惑が絡んでいたことがわかっていますが、その説明はここでは割愛します。

その裁判の場で、ソクラテスはアテナイ市民に次のように呼びかけています。

世にもすぐれた人よ、君は、アテナイという、知力においても武力においても最も評判の高い偉大な国都《ポリス》の人でありながら、ただ金銭をできるだけ多く自分のものにしたいというようなことにばかり気をつかっていて、恥ずかしくはないのか。評判や地位のことは気にしても思慮や真実のことは気にかけず、魂（いのち）をできるだけすぐれたものにするということに気をつかわず心配もしていないとは。（前掲『ソクラテスの弁明ほか』、四五頁）

ソクラテスの主張はアテナイ市民の耳に届かず、死刑が宣告されました。

獄中で脱走を勧める友人クリトンに対して、ソクラテスは、アテナイの国法との仮想対話を聞かせます。国法の声はソクラテスに、そのまま死刑を受け容れることは「国法による被害ではなくて世間の人間から加えられた不正にとどまるのだ」と告げます（『クリトン』）。

毒杯をあおって死んだソクラテスが選んだのは、不正に不正を重ねる道ではなく、ポリスの正義に則《のっと》って国法に従うことでした。それは、「人間は万物の尺度である」とするソフイストの相対主義に対する命がけの抵抗だったのかもしれません。『クリトン』に登場するソクラテスの言葉で締めくくりましょう。

「大切にしなければならないのは、ただ生きるということではなくて、善く生きるということなのだ」

解答と解説

選択肢のなかで「無知の自覚」に相当するのは、❷の「これまで大勢の人々に向かって徳について私が語ってきた話は、自分では立派な内容だと思っていた。ところが、今では徳とは何かということさえ語ることができなくなった」という一節しかありません。先述した『メノン』がまさにこの❷に至る青年メノンを描いています。したがって正解は❷です。

1-3

「洞窟」とは何の比喩なのか？ プラトンのイデア論

本節の主人公はプラトン（前四二七～前三四七）です。センター試験問題を引用しましょう。設問文に出てくる「洞窟《どうくつ》の比喩《ひゆ》」とは、聞きなれない言葉かもしれません。しかしこの比喩は、プラトン哲学の根幹をなすイデア論から理想国家論までを理解するうえで、欠かせないものです。

問3 プラトンは、洞窟の比喩を用いて彼の思想を説いた。その比喩の説明として最も適当なものを、次の❶～❹のうちから一つ選べ。

❶多くの人々は、魂が肉体から解放されるまで、快楽や欲望の束縛から脱することができない。それはちょうど、囚人が洞窟の中に死ぬまで縛りつけられて逃げられな

いのと似ている。

❷多くの人々は、個人的な生活にしか目を向けず、社会的理想を追求しようとはしない。それはちょうど、洞窟の中で生活している人々が、そこでの生活に安住し、洞窟の外に出て理想国家を建設しようとしないのと似ている。

❸多くの人々は、普遍的な真理など存在せず、相対的にしか真理は語れないとする。それはちょうど、人々がそれぞれの洞窟の中でそれぞれの基準で真偽を判断し、その正否に他人は口を出せないのと似ている。

❹多くの人々は、感覚されたものを実在だと思い込んでいる。それはちょうど、洞窟の壁に向かって繋《つな》がれている囚人が、壁に映った背後の事物の影を実物だと思い込んでしまうのと似ている。

（二〇〇六年・センター本試験　第2問・問5）

ピタゴラス学派からの影響

前節で見たように、ソクラテスは、アテナイの市民裁判によって死刑を宣告されました。前三九九年、プラトンが二八歳のときです。

ソクラテスの弟子であるプラトンにとって、民主政は決して理想的な政体ではありませんでした。民主政は容易に衆愚政治に転じてしまう。民主政に不信を抱いたプラトンは、『国家』という対話篇のなかで、哲学者が政治家となって国家を運営すべきだという**「哲人政治」**のビジョンを打ち出します。

いったいなぜ、哲学者が国家を統治しなければならないのか。そこに深く関係してくるのが**「イデア論」**です。

イデア論を理解するうえで、見逃せないのがピタゴラス学派からの影響です。というよりも、イデア論の源流は、ピタゴラス学派にあるといってもいいでしょう。プラトンは四〇歳の頃、南イタリアやシチリア島へ旅行をし、ピタゴラス学派の人々と交流し、その後、アテナイ郊外でアカデメイアという学園を創設しました。アカデメイアの扉には「幾何学の知識なきもの入るべからず」という言葉が掲げられています。

1-1節でも述べたとおり、ピタゴラス学派は万物の原理を「数」と考え、魂の不死や輪廻転生《りんねてんしょう》を信じ、肉体や感覚、現実世界を軽視しました。そしてプラトンもまた、数や計算を非常に重視した。『国家』のなかには次のような一節があります。

およそすべての技術も思考も知識も、共通に用いる或るものがある。これはまた、誰でもが最初に学ばねばならぬものだ。……つまり、一と二と三を識別するということだ。これを総括して言えば、数と計算ということになる。（『国家（下）』藤沢令夫訳、岩波文庫、一二七頁）

私たちの五感で「一」や「二」という数そのものを見たり聞いたりすることはできません。にもかかわらず、私たちは数を使って、物事を計測したり計算したりする。図形にも数学的な規則が見いだされる。この**目に見えない数こそが森羅万象の原理である**とする考え方は、明らかにミレトス学派の自然哲学とは異なるタイプの思想です。

イデア界と現象界

数は、感覚的存在ではなく、感覚を超えたものです。この感覚を超えたものに本質を求める考え方を、プラトンはピタゴラス学派から受け継ぎました。それがプラトン哲学の最重要概念であるイデア論です。

「イデア」という言葉は、当時のギリシャでは「姿」「形」といった意味で使われていました。ところがプラトンのいうイデアは、単なる形のことではありません。プラトンの対話篇で登場するイデアとは、**「永遠不変の本質」**のことなのです。

たとえば現実の世界には、バラやひまわり、シクラメンなど、色も形も大きさもちがうさまざまな花があります。でも私たちは、それらを見て同じ〈花〉だとわかる。

なぜか。人間の魂はもともと天上のイデア界にあって、花のイデア、すなわち花を花たらしめる本質を見たことがあるからだとプラトンは考えるのです。

おかしな説明だと思うかもしれませんが、もう少しプラトンにつきあってみましょう。

人間は、花、服、絵画、彫刻、風景など、それぞれまったく異なるものを見ても〈美〉を感じます。これも私たちが、天上のイデア界で美のイデアを見ているからです。

でも、地上の世界に生まれたとたん、人間は美のイデアを見たことを忘れてしまう。忘れてしまうのだけど、無意識のうちに美のイデアを恋い慕《した》っている。そのため、魂が美しい事物に出会うとかつて見たイデアを思い出すため、人間は「美しい」と感じることができる。イデアを思い出すことを**「想起**（アナムネーシス）**」**といい、魂が無意識のうちにイデアを恋い慕うことを**「エロース」**といいます。

このようにプラトンは世界を**イデア界**（天上界）と**現象界**（地上界）に二分しました。

イデア界と現象界

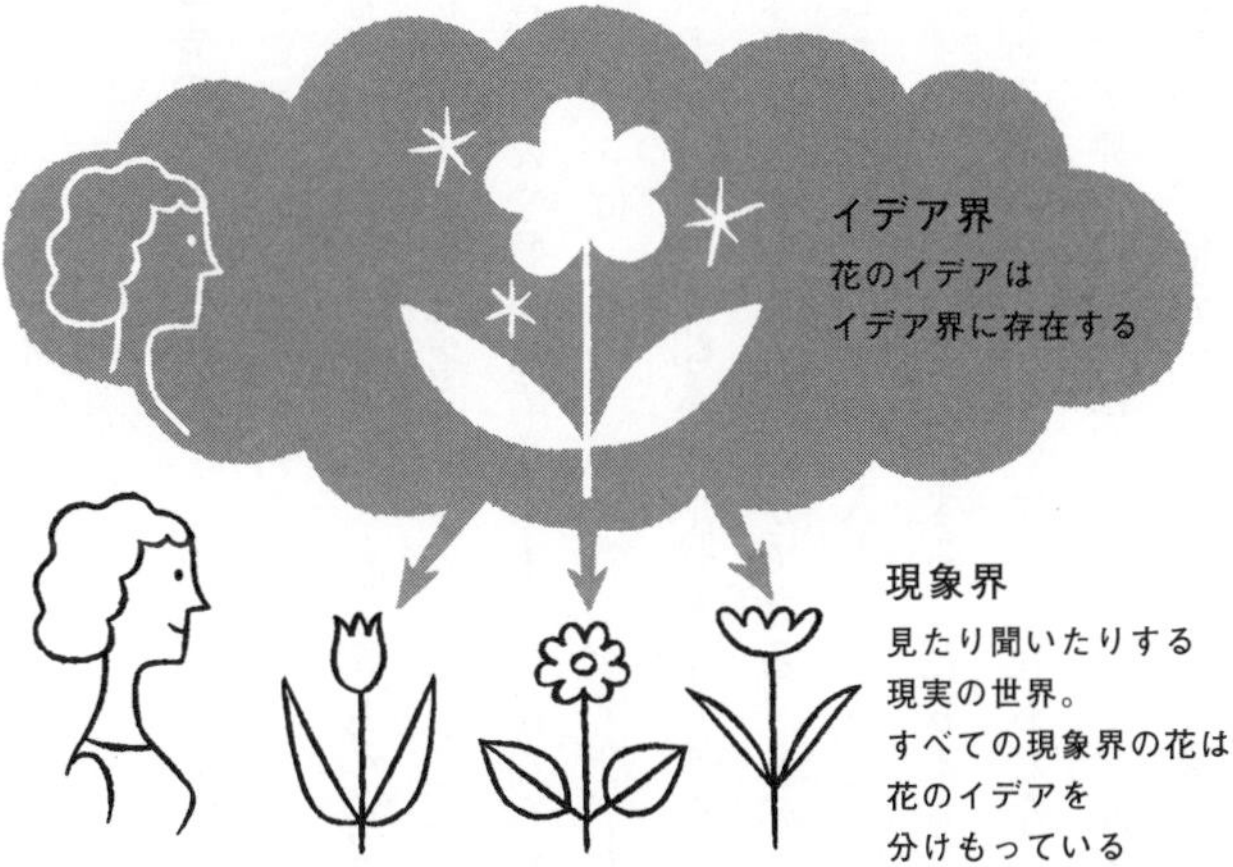
イデア界
花のイデアは
イデア界に存在する
現象界
見たり聞いたりする
現実の世界。
すべての現象界の花は
花のイデアを
分けもっている

私たちが住んでいる現象界の事物にはイデアが丸ごとあるわけではなく、その片鱗《へんりん》だけがあります。たとえば咲きほこる花々は、美そのもの（完璧な美）ではなく、美のイデアをいくぶんか分けもっているものの、枯れてしまえば、それも失われてしまう。だから人間の魂は、花を見ると、花が分けもっている美のイデアのことを想起するし、枯れた花には美しさを感じないのです。

イデア論にしたがえば、魂は不死であり、輪廻転生を繰り返すことになります。死んでしまっては、地上界での魂がイデアを思い出すことなどできないからです。ここにも、魂の不死と輪廻転生を信じたピタゴラス学派の影響を見て取ることができます。

哲学者の役割とは何か

ここまでの説明でもわかるように、天上界には、〈花〉〈草〉〈美〉〈勇気〉など、いろいろなイデアがあります。その数多くあるイデアのなかで、プラトンは、**〈善〉のイデア**を最高位のイデアだと考え、「イデアのイデア」であると言います。〈善〉のイデアを知らなければ、どんな物事も有用なものにはならないからです。

プラトンは、この〈善〉のイデアを、太陽にたとえて説明しています。地上界では、太陽のおかげで、人間も動植物も生育することができます。また、太陽の光があるからこそ、さまざまな物を見ることができる。その意味で、太陽は地上の事物の究極の原因です。

しかし同時に、（当時の人々にとっては）太陽じたいは変化しないものだと考えられていました。また、太陽を直視することもまぶしすぎてできない。つまり、事物の存在や認識の源である太陽それじたいは、変化もしないし、認識することもできません。

イデア界のなかでは、〈善〉のイデアが太陽に相当します。つまり、**〈善〉のイデアがあってはじめて、他のイデアが存在できるし、それを知ることもできる。**苦しいたとえのようにも思えますが、そうやってプラトンは説明しました。

そうなると、太陽同様に、〈善〉のイデアを知ることはとても困難です。さまざまな花を見て、〈花〉のイデアを思い出すのとは難易度が違う。常人は、〈善〉のイデアを知ることはできないし、そもそもイデアの世界があることすら自覚していません。

このことをプラトンは、**「洞窟の比喩」**で説明しました。

プラトンは、イデアに無関心な人々を、洞窟で手足を縛られて、松明《たいまつ》が照らす影の像を見せられている囚人にたとえます。洞窟は地上界、松明は太陽、影の像は人間が感覚（五感）で捉える事物に相当するのです。

たまたま囚人の一人の縄がほどけて、振り返ってみると松明の明かりが目に入る。最初はとてもまぶしく、苦痛に感じるでしょう。しかし徐々に目が慣れてきて、やがて洞窟の外に出ると、外の世界には、本物の太陽が輝き、太陽のもとでさまざまな事物が存在することを知るのです。この外の世界がイデアの世界、本物の太陽が〈善〉のイデアの比喩にあたります。

外の世界を目の当たりにした囚人は、洞窟に戻って他の囚人にも後ろを振り向かせ、外の世界があることを知らせようとします。しかし他の囚人は、彼の説明をいぶかしがって、

洞窟の比喩

囚人は影を見せられているのに、本物だと思っている

なかなか納得しない。

なんともくどい説明ですが、プラトンが言わんとしていることはわかります。彼は要するに、**大衆は本質（イデア）を知らず、感覚の世界を自明視しているから、理性でイデアの世界を知った哲学者がそのことに気づかせないといけない**、というわけです。

本質は、見たり聞いたりするだけではわかりません。理性を用いて思考してはじめて本質を知ることができます。それができるのは哲学者だけなのです。

二世界論が西洋思想をつくった

プラトンのイデア論に見られるように、

世界を真理の世界と現象の世界との二つに分けて捉える見方を「**二世界論**」と呼びます。プラトンの「イデア／現象」という区分は、「無限／有限」「魂（霊）／肉体」「理性／感覚」という区分に重ねられ、西洋思想の基本的な枠組みをつくりあげていくことになりました。図式化すれば、こんなふうになるでしょう。

二世界論	イデア	無限	魂	理性
	現象	有限	肉体	感覚

イギリス出身の哲学者ホワイトヘッドが、主著『過程と実在』のなかで、ヨーロッパの哲学の伝統は、「プラトンについての一連の脚注から成り立っている」と語っているように、この二世界論の影響は絶大です。のちに見るように、キリスト教神学の「神の国／地上の国」、カントの「物自体／現象」という区分もまた**二世界論の延長にある考え方**なのです。

魂の三分説と理想国家論

さて、ではこのイデア論がなぜ「哲人政治」へとつながっていくのでしょうか。

プラトンは、『国家』のなかで、魂のあるべき姿を国家のあるべき姿にあてはめて**理想国家**というものを構想しています。

プラトンによれば、人間の魂はイデアを知る**「理性」**、物事を決断する**「意志」**、感情に関わる**「欲望」**の三つからなります。これを「魂の三分説」といいます。そして、これら三つが正しく働くと、それぞれ知恵・勇気・節制という徳になり、この三つの徳が調和すると正義の徳が生まれると考えました。

では、どうすれば正義の徳を実現できるのか。そのためには、御者《ぎょしゃ》である「理性」が、「意志」や「欲望」という馬を上手にコントロールすることが必要だといいます。

この魂のあり方を国家にあてはめるとどうなるでしょうか。

プラトンは、国家もまた三つの階級に分かれるといいます。**統治階級、防衛階級、生産階級**の三つです。

この三つの階級には、魂の三分説と三つの徳に即して、次のような適任者がいます。

魂の三分説と国家の三階級

魂の三部分	徳		国家の三階級
理性	知恵		統治階級
意志	勇気	正義	防衛階級
欲望	節制		生産階級

・統治階級：知恵をもつ理性的な人間
・防衛階級：勇気をもつ意志にあふれた人間
・生産階級：節制を必要とする欲望のある人間

そしてこの三者が調和すると、国家も正義の徳を実現できる。それがプラトンの考える理想国家にほかなりません（表）。

ここでも重要なのは、国家の理性を司《つかさど》る統治階級です。統治階級は、理性を用いてつねにイデア（＝本質）を求めなければなりません。

そのためには、現在の統治者が哲学者になるか、哲学者が統治者になるかのどちらかしか選択肢はありません。いずれにしても**「哲学者＝統治者」でなければ理想国家は実現しない**、とプラトンは考えた。つまり、**洞窟の外の世界を見た哲学者は、再び洞窟に戻って、統治者として囚人たちを外へ連れ出さなければならない**のです。

解答と解説

ここまで理解できたならば、設問には容易に解答できるでしょう。「多くの人々は、感覚されたものを実在だと思い込んでいる。それはちょうど、洞窟の壁に向かって繋がれている囚人が、壁に映った背後の事物の影を実物だと思い込んでしまうのと似ている」という❹が正解です。

1-4

世界の成り立ちをどう解きほぐす？

プラトンからアリストテレスへ

プラトンに続いて、本節ではアリストテレス（前三八四～前三二二）に登場願います。まずは、センター試験の引用から。

問4　次の文章を読み、傍線部の内容を記述した文として最も適当なものを、❶～❹のうちから一つ選べ。

知の探究を志す者たちは、自己の成長の導き手を求めて旅に出た。後に万学の祖と呼ばれるに至るアリストテレスも、そうした若者のひとりであった。彼が入学したアテネのアカデメイアには、各地から多くの人々が参集し、深い思索と盛んな議論が行われていたという。自由な学問的雰囲気の中で研鑽《けんさん》を積んだアリストテレスは、やがて師の教説とは異なる独自の哲学を構築するに至ったのである。

❶ある事物を他のものから区別する形相《けいそう》は、事物から離れて存在するものではなく、個々の事物の中にこそ内在している。
❷感覚が捉える個物は完全なものではなく、理性が捉える普遍的な本質こそが真の実在である。
❸真理は、すべての人間にとっての客観的真理であるよりも先に、自分にとっての主体的真理でなければならない。
❹自らを知者と思っている者たちは、人間にとって最も大切なものについて知らないし、知らないのに知っていると思い込んでいるにすぎない。

（一九九六年・センター本試験　第1問・問2）

世界を整理しようとした人

資料文のなかにある「師の教説」とは、前節で説明したプラトンのイデア論のことです。アリストテレスは、師であるプラトンのイデア論をどのように批判したのか。これが本問のポイントとなります。

マケドニア生まれのアリストテレスは、一七歳のときにアテナイに行き、プラトンが主宰するアカデメイアに入学します。すでにアテナイは衰退期に入っており、プラトンの死後は、マケドニアに戻り、のちに古代最大のマケドニア帝国を築くことになるアレクサンドロスの家庭教師を務めました。晩年は再びアテナイに戻り、リュケイオンという学園を建設し、研究と教育に従事しました。

アリストテレスの守備範囲はじつに膨大です。形而上学、倫理学、論理学、政治学、詩学、弁論術、天体や気象、動物誌、自然学、睡眠、夢占いなど、ありとあらゆる学問についての著作が残っています。彼が「万学の祖」と呼ばれるゆえんです。

その全貌を見渡すことはできないので、ここでは**プラトンとの違いに着目して**、アリストテレスの哲学を見ていきましょう。

すでに見たように、プラトンのイデアとは、天上の世界にある理念的な「かたち」のことでした。でも、イデアが本当にあるかどうかを経験で確かめる術《すべ》は私たちにはありません。その意味では、独断的な議論というそしりはまぬがれないでしょう。

同時にアリストテレスは、自然哲学者たちがさまざまに説いた、事物の「根源（アルケー）」についての説明にも満足できませんでした。

アリストテレスは、先人の諸説を丁寧に吟味し、自身の哲学を練りあげていくタイプの哲学者です。在野の思想家であった小阪修平さんは、名著『イラスト西洋哲学史（上）』（宝島社文庫）のなかで、「アリストテレスは世界を整理しようとした人であった」と評しています。

世界は「形相」と「質料」でできている

アリストテレスの哲学は、**プラトンの理想主義に対して、現実主義である**と言われます。それが顕著に表れているのが、『自然学』や『形而上学』で展開されるイデア論に対する批判です。

プラトンの場合、椅子《いす》のイデア（理念的な形や構造）は、経験的な地上の世界とは切り離された、天上のイデア界に実在するものでした。だから現実の椅子はイデアの劣化コピーにすぎません。それに対してアリストテレスは、事物の本質的な特徴がイデア界にあるとは考えませんでした。

アリストテレスに言わせれば、椅子の本質的な特徴（座れるような形）は、現実の椅子に内在しています。そして事物に内在している本質的な特徴を、アリストテレスは**「形相（エイドス）」**と呼びます。英語でいえば、form ですね。

とはいえ、事物は形相だけからできあがっているわけではありません。どんなモノも、それを構成する素材や材料が必要です。椅子や机なら木材、コップならばガラスですね。この材料や素材のことを**「質料（ヒューレー）」**といいます。英語でいえば、material です。

このように、現実の椅子は、**形相と質料が合わさってできている**というのがアリストテレスの考えです。

私たちの常識に照らせば、プラトンよりも、アリストテレスの説明のほうが受け入れられやすいはずです。確かめようのない天上の世界に、「椅子」の理念があると考えるよりも、現実の椅子に、「椅子」の形や性質が内在していると考えるほうが説明としてはわかりやすい。アリストテレスが「現実主義」だといわれるのもよくわかります。

ここで自然哲学者たちの議論を思い出してください。万物の根源を水や空気、アトムと考えた彼らの議論は、いわば**形相を抜きにした質料だけに着目する議論**でした（ちなみにアリストテレス自身は、質料は、火・水・空気・土という四元素の組み合わせからできていると考えました）。一方、（ピタゴラス学派から影響を受けた）プラトンのように、永遠的で変化しないイデアは、アリストテレスの形相にあたります。

小阪修平さんの卓抜した言い方を用いれば、「アリストテレスはプラトンのイデアから形相の概念を、イオニア自然学から質料の概念を継承し、この二つのアルケーの組み合せで、世界を考えた」（同前）わけです。

世界の変化までもが説明できる

さらにアリストテレスは、形相と質料という概念を用いて、事物の運動や変化を説明しています。たとえば、椅子について考えてみましょう。

まず、椅子の質料が木材であることはわかりますね。でも、木材そのままでは椅子になりません。そこに形相（形や機能）が加わってはじめて、椅子になるわけです。公式的に書けば、**「木材（質料）＋椅子の形相→現実の椅子（質料＋形相）」**となります。

このとき「木材→椅子」という変化を、アリストテレスは、**「可能態→現実態」**という概念でも説明しています。どういうことかというと、アリストテレスは、**木材という質料のなかには、家や椅子になる可能性が潜在的に含まれている**と考える。そして、椅子の可能態（可能的な状態）である木材に形相が与えられることで、木材は、椅子という現実態（現

可能態から現実態へ

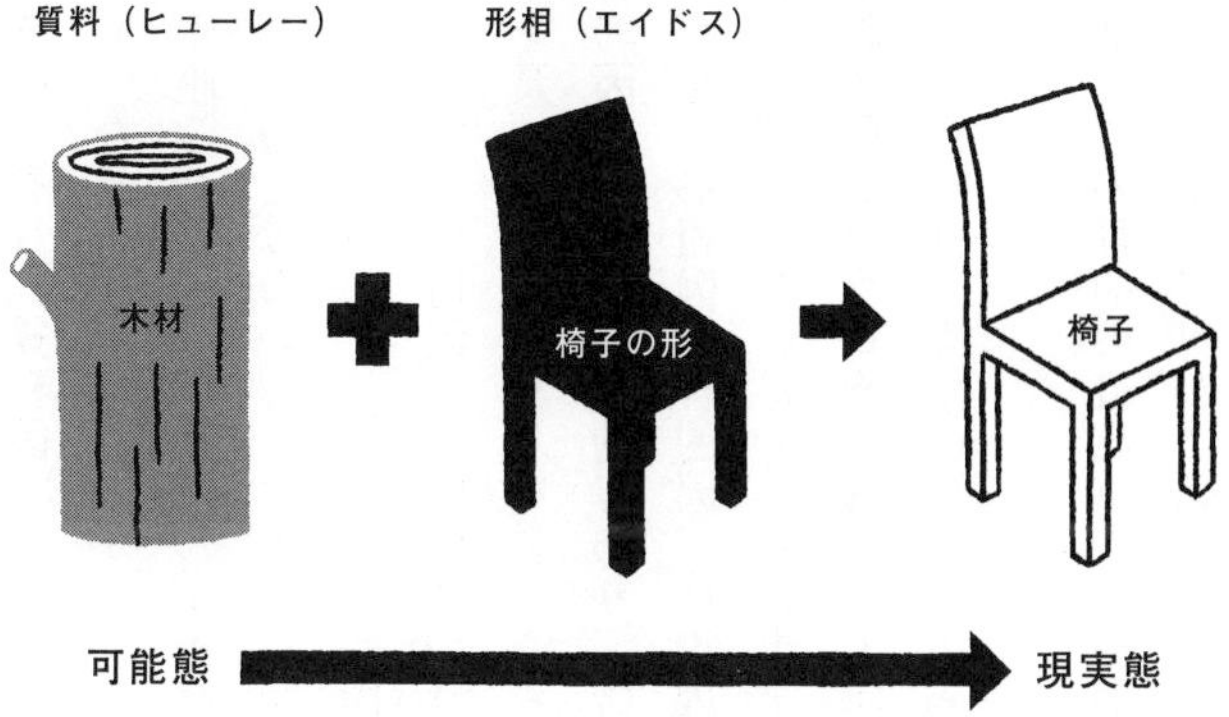

実の状態）に変化するのです。

生命の仕組みをあてはめると、もっとわかりやすいかもしれません。たとえば、バラの種子（質料）には、バラの花の形相が潜在的に内在していて（可能態）、それがやがて発現し、バラの花という現実態になる。このように、アリストテレスは、事物の変化や運動を、潜在化していた形相の実現（現実化）というかたちで説明したのです。

物事には四つの原因がある

ここまで説明した「形相」や「質料」を、アリストテレスは、事物の原因として捉えています。つまり、「木材（質料）＋椅子の形相→現実の椅子」ですから、質料である木材や、椅子の形相（形や機能）は、現実の椅子の原因だと考えるのです。これらをそれぞれ**「質料因」「形相因」**といいます。

でも、なぜ椅子があるのかという問いに対して、私たちの常識的な感覚では、「そりゃ、誰かが座るために、職人さんが木材を使って実際に椅子をつくったからでしょう」と答えたくなるのではないでしょうか。

アリストテレスも、こうした要因を忘れてはいません。彼は、物事には、形相因、質料因に加えて、作用因、目的因という**四つの原因**があると説明します。**作用因**とは、物事に作用を及ぼす原因であり、職人さんが木材を使って椅子をつくることにあたります。そして**目的因**は、椅子の目的であり、誰かがそこに座って快適に過ごすためということです。

ただし、形相因と目的因、作用因はまったく別個というわけではなく、重なり合う関係にあるとアリストテレスはいいます。というのは、人工物も含めた**あらゆる事物はすべて形相の実現という目的に向かって生成変化していくから**です。これを別の言い方でいえば、あらゆる事物は、高次の目的によって、動かされている（変化させられている）ことになります。

では、この目的の最高位には何があるでしょうか。最高位の目的は、それ以上の目的はありませんから、何かに動かされることはありません。アリストテレスは、この最高位の

四原因説

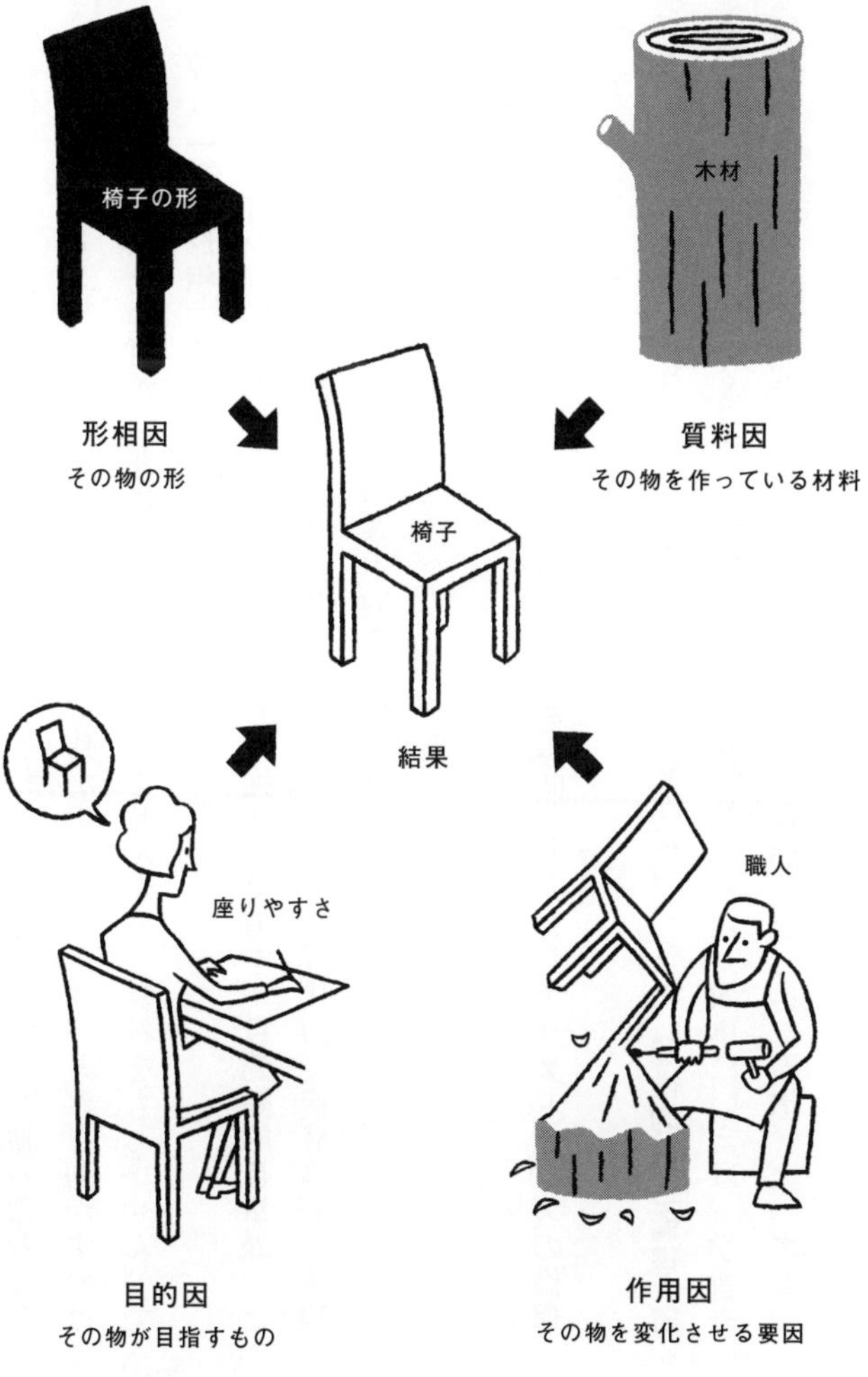
椅子の形
木材
形相因
その物の形
質料因
その物を作っている材料
椅子
結果
職人
座りやすさ
目的因
その物が目指すもの
作用因
その物を変化させる要因

目的となる存在を「不動の動者」と呼びました。すなわち神のことです。不動の動者である神は、自らは動かずに、宇宙のさまざまなものを動かす。たとえば、天界を動かすのは神です。神は、それ以上の何かに変化する必要はありませんから、質料をもちません。ですから、神は **「純粋形相」** でもあります。

このように、宇宙や自然を手段－目的の連鎖として捉える見方を **「目的論的自然観」** といいます。そしてこの目的論的自然観は、アリストテレス以後、近代的な機械論的自然観が登場するまで、ヨーロッパの思考の基本的な枠組みとなっていくのです。

人は「中庸の習慣」でカシコクなる

ここからは、『ニコマコス倫理学』と『政治学』を参照しながら、アリストテレスの倫理学と政治学を駆け足で見ていきましょう。

整理好き、分類好きのアリストテレスらしく、彼は倫理についても、**知性的徳と倫理（習性）的徳**の二つに分けて細かく考察していきます。知性的徳とは、簡単にいえば、学習や教育を通じて身につく認識能力や判断力のことであり、倫理的徳とは、習慣によって身につける実践的な徳のことです。

【超過】	【中庸】	【不足】
無謀	勇気	臆病
放縦（ほうじゅう）	節制	鈍感
浪費	鷹揚（おうよう）	けち
高慢	自尊心	卑屈
道化	機知	野暮

実践や経験によって身につける倫理的徳では、**中庸**《ちゅうよう》を習慣化することが重要だとアリストテレスはいいました。

ここでいう中庸とは、過度と不足の両極端を退《しりぞ》けるべきだとする判断のことです。アリストテレスは中庸の例として、上の表のようなものを挙げました。

たとえば、勇気という倫理的徳について考えてみましょう。勇気という徳は、極端に走ると、後先を顧《かえり》みない無謀に転じてしまうし、不足しすぎると臆病になってしまう。

しかし、勇気という徳を身につけるには、頭で「中庸としての勇気」を理解するだけでは不十分であり、日々の生活のなかで、勇気を発揮する経験を習慣化しなければなりません。

このように、もっぱら善のイデアを認識することを重要だと考えたプラトンに比べ、実践や習慣を重視する点に、アリストテレス倫理学の特徴があります。

共和制こそ持続可能

先述したように、アリストテレスが生きた時代は、ポリスの衰退と軌を一にしています。それでもアリストテレスは、『政治学』の冒頭で「人間は本性上、ポリス的動物である」と述べました。

この人間の定義は、非常に重要です。アリストテレスは、人間はポリスのような共同体のなかで生きるのが自然的なあり方だと考えているわけです。

では、理想的なポリスの政治体制とはどのようなものか。アリストテレスは、政治に関わる人間が、一人か、少数か、多数かによって、政治体制を、**王制・貴族制・共和制**の三つに分類します。そして、これらがそれぞれ堕落すると、**僭主《せんしゅ》制・寡頭《かとう》制・民主（衆愚）制**になるといいます。

プラトンの場合、理想の政治体制は、哲学者による独裁的な哲人政治でしたが、アリストテレスは、上記のなかで**共和制こそもっとも安定的な政治形態**だと考えました。そこそこの教養と財産をもった市民が政治に参加し、それぞれ理性を働かせて公共的な問題について判断する。これも中庸を重視したアリストテレスらしい考え方です。

「そこそこの教養と財産」をもつことで、人々は理性的に政治判断を下せるというアリストテレスの共和主義観は、機能不全がいちじるしい現代の民主主義にとって、無視できない示唆を含んでいるのではないでしょうか。

解答と解説

アリストテレスによるイデア批判のポイントは、事物の本質的特徴である形相が、天上界（イデア界）にあるのではなく、個々の事物に内在しているということです。したがって正解は❶です。ちなみに❷はプラトン、❸はキルケゴール、❹はソクラテスの思想です。

1-5

「自然に従って生きよ」とはどういう意味？
ヘレニズム期の思想

本節のテーマは、ストア派をはじめとするヘレニズム期の思想です。ここまで紹介してきたソクラテスやプラトン、アリストテレスなどと比べると、みなさんはヘレニズム思想にどこかマイナーな印象をいだいてしまうかもしれません。しかしこの時期の一連の思想は、私たちが想像する以上に含意に富んだものです。まずは、次に引用する問題を見てください。ストア派にせよ、「自然に従って生きよ」という字面だけを見て、無為《むい》自然のようなイメージを思い浮かべてしまうと、その本質を取り逃がしてしまうでしょう。

問5 ストア派の人々が説いた「自然に従って生きよ」とは何を意味するのか。最も適当なものを、次の❶～❹のうちから一つ選べ。

❶文明化された都市においては理性的な判断を惑わすものが多いため、自然の中で魂の平静を求めて生きよ、という意味
❷感情に左右されやすい人間の理性を離れ、自然を貫く理法に従うことにより、心の平安を得て生きよ、という意味
❸人間の理性を正しく働かせ、自然を貫く理法と一致することで、心を乱されることなく生きよ、という意味
❹人間の理性を頼みとして努力をするのではなく、自然が与えるもので満足することを覚えよ、という意味

（二〇一〇年・センター本試験　第2問・問3）

現代にも通じるヘレニズム思想

「ストア派」といえば、禁欲的を意味する「ストイック」の語源となったことで知られていますが、そもそもは前三三〇年頃からローマによるエジプト併合がおこなわれた前三〇年までのヘレニズム期に開花した一連の思想のひとつでした。

アリストテレスが没した前三二二年は、すでにアレクサンドロス大王が東方遠征をおこ

ない、巨大な世界帝国を築きあげた時代にあたります。ヘレニズムとは「ギリシャ風のもの」という意味ですが、この時代には大量のギリシャ人が東方に移動したため、ギリシャ文化とオリエント文化の混交が進んでいきました。平面幾何学を大成したユークリッド（前三三〇頃〜前二六〇頃）や浮力の原理を発見したアルキメデス（前二八七頃〜前二一二）も、ヘレニズム期に活躍しています。

では、ヘレニズム期の思想とはどのようなものだったのでしょうか。

その特徴は、個人の内面的な幸福を追求した点にあります。ソクラテス、プラトン、アリストテレスにとって、善く生きることは、ポリスという共同体の正義や秩序を考えることと不可分でした。つまり、**倫理と政治は一体だった**のです。

しかしヘレニズム期は、グローバル化した世界帝国の時代です。そこでは現代と同じように、個人主義が進行したため、哲学・思想ももっぱら**個人の内面的な幸福のあり方を考察すること**に力点が置かれるようになりました。

西洋政治思想史の研究者である小野紀明さんは、ヘレニズム期と現代との類似性を次のように指摘しています。

ところで、ヘレニズム期の精神史的状況は、現代のそれと類似しているとは言えないだろうか。人間理性の傲慢《ヒュブリス》と科学的知への揺るぎない自信、伝統的な共同体の解体と人間関係の希薄化、他方でそれと裏腹に進行するグローバル化。現代人もまた、徒《いたずら》に科学的理性をのみ伸長させることに汲々《きゅうきゅう》として、傍らにいる具体的「他者」との関係を慮《おもんぱか》る「繊細の精神《エスプリ・ドゥ・フィネス》」(パスカル)を喪失したまま、乾いた大地を彷徨《さまよ》っているとも言えるからである。(小野紀明『西洋政治思想史講義——精神史的考察』岩波書店、七九頁)

たしかに、ヘレニズムの諸思想はどこか現代の自己啓発と通じるところも多く見られます。こうした現代との共通性を意識すると、哲学史のなかでは脇役とされがちなヘレニズム期の思想も身近に感じることができるかもしれません。

本節では、①ストア派の前身であるキュニコス派、②ストア派、③エピクロス派、④懐疑主義の四つに分けて、ヘレニズム期の思想を見ていくことにしましょう。

①キュニコス派——虚飾を嫌い、ときにシニカルに

まずは、キュニコス派(犬儒《けんじゅ》派)です。

キュニコス派は、英語ではcynic（シニック）と訳されます。その形容詞形の「シニカル」から連想されるとおり、キュニコス派は、現実に対して非常に醒《さ》めています。プラトン学派を批判し、自由で自足的な犬のような生活を理想視したところから、犬儒派とも言われました。

キュニコス派でもっとも有名な哲学者が、**ディオゲネス**（前四〇〇頃〜前三二五頃）です。ボロのマントを二重折りにして着用し、ズタ袋に食糧を入れて、酒樽《さかだる》を住まいとした。文字どおり犬のような生活をしていました。

ディオゲネスには、ユニークなエピソードが数多く伝わっています。あるとき、アレクサンドロス大王が、樽で暮らすディオゲネスの前に立って、「余は、大王のアレクサンドロスだ」と名乗ったら、「俺は、犬のディオゲネスだ」と応じました。また、大王が「何か欲しいものはあるか」と尋ねたところ、ディオゲネスは「そこに立たれると日陰になるのでどいてほしい」と答えたといいます。

虚飾を嫌い、理性を用いてひたすらに徳を実践する。その極北ともいえる生き方を体現したディオゲネスは、出身を尋ねられたとき「自分はコスモポリタンだ」と答えたといいます。こうしたキュニコス派の教えは、次に説明する**ストア派**に大きな影響を与えました。

②ストア派——自然に従って生きよ

ストア派は、キュニコス派の門下生だった**ゼノン**（前三三五〜前二六三）が創始したものです。「ストア」とは柱の意で、柱のある建物で学問をしたところから、のちにストア派と呼ばれるようになりました。

キュニコス派を源流とするストア派は、学問を論理学、自然学、倫理学と区分したことで知られています。このなかで、ストア派がもっとも重視したのが倫理学です。

ストア派にとって、幸福とは**「自然に従って生きる」**ことです。では、自然に従うとはどういうことでしょうか。

ストア派では、宇宙には**ロゴス**（**理性**）が貫かれていると考えます。したがって宇宙の一部である人間は、ロゴスに従って生きることがそのまま自然に従って生きることになるわけです。そしてロゴスに従った生き方とは、欲望や快楽など、心をかき乱すような外部のノイズに情念（パトス）が動かされることなく、心の平安を求めることをいいます。ストア派は、このような心が平安にある状態を**「アパティア」**と呼びました。これは「パトスがないこと」を意味します。

さらに、万物に等しくロゴスが宿っているのですから、あらゆる人間にもロゴスが行きわたっているはずです。ここから、人類は等しく平等であるという「**世界市民主義**」（コスモポリタニズム）の思想をもつに至りました。ここにも、キュニコス派の影響が強く感じられます。

ストア派の世界市民主義には、時代的な背景もあったでしょう。ストア派の息は長く、ローマ時代になっても、キケロ（前一〇六〜前四三）、セネカ（前四頃〜後六五）、エピクテトス（五五頃〜一三五頃）、ローマ皇帝マルクス・アウレリウス（一二一〜一八〇）などに継承されていきます。

マルクス・アウレリウスは、有名な『自省録』のなかで次のように記しています。

もし叡智《えいち》が我々に共通なものならば、我々を理性的動物となすところの理性もまた共通なものである。であるならば、我々になすべきこと、なしてはならぬことを命令する理性もまた共通である。であるならば、法律もまた共通である。であるならば、我々は同市民である。であるならば、我々は共に或る共通の政体に属している。であるならば、宇宙は国家のようなものだ。（『自省録』神谷美恵子訳、岩波文庫、五一頁）

こうした**人類普遍の平等思想**は、ローマ万民法やキリスト教の隣人愛が定着する土壌になったほか、近代の人権思想にも影響を及ぼしました。

③エピクロス派――隠れて生きよ

このストア派と対置されるのが、**エピクロス**（前三四一頃〜前二七〇頃）を祖とするエピクロス派です。

エピクロス派もストア派も、幸福の追求を人生の目的としている点では共通していますし、そのために心の平安を必要と考える点も同じです。したがって**「快楽主義」**といわれるエピクロス派と、**「禁欲主義」**といわれるストア派は、私たちがイメージするほど対立する思想ではありません。

たしかに、エピクロス派は快楽を求めました。しかしここでいう快楽とは、食道楽や性的な享楽《きょうらく》に身を委《ゆだ》ねることではなく、**心と肉体の両方に苦しみがないこと**を意味します。そのことを記したエピクロスの言葉を見ておきましょう。

それゆえ、快が目的である、とわれわれが言うとき、われわれの意味する快は、――一部の人が、われわれの主張に無知であったり、賛同しなかったり、あるいは、誤解したりして考えているのとはちがって、――道楽者の快でもなければ、性的な享楽のうちに存する快でもなく、じつに、肉体において苦しみのないことと霊魂において乱されない（平静である）ことにほかならない。（『エピクロス――教説と手紙』出隆・岩崎允胤訳、岩波文庫、七二頁）

エピクロス派の求めた、身体に苦痛がなく、魂に動揺がないような平静の境地を「**アタラクシア**」といいます。

アタラクシアを得るためには、利害損得や野心がうずまく政治や公共的なつきあいは避けなければなりません。そのことを示すのが、エピクロス派のモットー「**隠れて生きよ**」です。

エピクロス派の自然観は、デモクリトスの原子論を継承しています。そのなかで、とくに有名なのが、死の愚かさを説く議論です。エピクロスによれば、人間の死は、単なる原子の離散であり、「生きている間は死んでいないし死ねばもはや生きていない」。それゆえ、死の苦痛はないのだから、死を恐れる必要はないといいます。

こうして見ると、エピクロス派のいう「快楽主義」は、むしろ**反苦痛主義**と捉えたほうがわかりやすいかもしれません。

④懐疑主義――自らの五感すら信じるな

高校倫理の教科書ではほとんど触れられていませんが、ヘレニズム期には、**ピュロン**（前三六〇頃～前二七〇頃）の唱えた**懐疑主義**も人気を博しました。

懐疑主義は、あらゆる物事や感覚を疑います。いくら理性を用いるといっても、理性も習慣に縛られているから、人間は、事物のありのままの姿を認識することはできない。本来は、物事の本質などわからないのに、それをわかると考えるから、心の平静（アタラクシア）が乱されるとピュロンは考えるのです。

したがって、心の平静を得るためには、一切の先入観をもたないようにひたすら懐疑することが重要だといいます。つまり、あらゆる物事に対して判断は控える。これを**「エポケー（判断中止）」**といいます。

ピュロンの徹底した懐疑主義を示すエピソードは、『ギリシャ哲学者列伝』下巻で読むことができます。彼は、五感すら信用しなかったため、馬車であろうが断崖であろうが犬であろうが、用心もしなければ、避けようともしなかった。それでも事故にあわなかったのは、付き添っていた友人が身を守っていたおかげだといいます。また、師が沼に落ちたときも、助けようともせず、そのまま通り過ぎていったそうです。

以上、ヘレニズム期を代表する四つの思潮を見てきましたが、アプローチこそ違えど、**いずれも内面的な幸福や心の平安を求める点では共通している**ことがおわかりいただけたことと思います。そしてこれら四者はどれも、現代の私たちにもよく見られる生活信条ではないでしょうか。冒頭にも記したように、現代とヘレニズムはよく似ているのです。

解答と解説

ストア派の「自然に従って生きよ」は、ロゴス（理性）に従って生きることです。選択肢のなかで、この点を正しく述べているのは❸しかありません。正解は❸です。

1-6

信仰と理性をどう調和させる？

アウグスティヌスとトマス・アクィナス

倫理のセンター試験では、哲学者や思想家の原文を解釈させる問題が時折出題されます。次に紹介する問題も、アウグスティヌスの有名な著作『告白』の一節を引用し、アウグスティヌスの思想をふまえて解釈することを求めるものです。

問6 **次の文章は、アウグスティヌスが自らの母の死という個人的な体験を通して、憐れみの心について記述したものである。アウグスティヌスの思想を踏まえて、この文章の説明として最も適当なものを、❶〜❹のうちから一つ選べ。**

私は、(死んだ母のために重い悲しみに沈んでいましたが、涙をもって安らぎを得たことで心の傷もすっかり癒《いや》され) 今までとはまったく違った涙をそそぐのです。

それは、(母も含めて)アダムにおいて死んだすべての魂の罪の危険を考えて、深く動かされて霊から湧《わ》き出る涙です。……主よ、赦《ゆる》してください。母の裁きに関わらないように、お願いします。憐れみが裁きに勝りますように。実際、あなたの言葉は真実です。あなたは憐れみ深いものに憐れみを約束しています。人々が憐れみ深いのは、あなたが彼らに憐れみ深いからです。

(『告白』より)

❶ここで彼は、自らの母の死を通して神の言葉を人々に伝えるために、一部の悪しき人々が生まれながらに罪を抱えていると警告する一方で、罪の赦しに基づく新しい約束を説くことによって、希望と勇気を与えようとしている。

❷ここで彼は、自らの母の死そのものよりも、原罪のゆえに母が犯した罪が神によって裁かれることを深く嘆く一方で、そのような神の裁きが、憐れみには憐れみを、罪には罰を、という報復主義に基づくものだと説いている。

❸ここで彼は、自らの母の死そのものよりも、むしろ原罪によって母が犯した罪が贖《あがな》い得ないものであることを深く悲しむ一方で、そのような罪さえも神からの憐れみという恩寵《おんちょう》によって裁きを免れ得ると信じている。

❹ここで彼は、自らの母の死を悲しみ、彼女の犯した罪を嘆く一方で、そのような罪の裁きに勝る憐れみ深い神の恩寵のおかげで、他の人々もまた母に憐れみを与え、人々が母の魂の罪を赦すようになると示唆している。

（二〇一三年・センター本試験　第2問・問5）

新プラトン主義との出会い

本節では前半で、初期キリスト教会の最大の教父であるアウグスティヌスを取りあげ、後半で別の問題を引用したうえで、中世神学の完成者と目されるトマス・アクィナスの思想を追っていきます。信仰と理性、人間の自由意志について二人がどう考えたのかを検討することで、中世の哲学が何を問題にしてきたかがよく理解できるでしょう。

アウレリウス・アウグスティヌス（三五四〜四三〇）が生きた四世紀後半から五世紀前半は、古代ローマ帝国末期にあたります。ゲルマン民族が大規模に移動し、帝国の秩序が崩壊していく時代でした。

キリスト教の歴史としては、彼が生まれる約四〇年前の三一三年に、キリスト教は公認宗教となり、三〇代のときに帝国の国教となります。

キリスト教の普及とともに、何をキリスト教の正統的な教義と認めるかという神学上の論争も勃発し、さまざまな宗派が対立・抗争を繰り広げることになりました。そのなかで、キリスト教の正統的な教義の確立に努めた古代キリスト教の指導者や著作者たちを**「教父」**といいます。

偉大な教父と形容されるアウグスティヌスですが、青年時代は欲望のままに放縦《ほうじゅう》な生活を送り、異教であるマニ教に傾倒していました。しかし、新プラトン主義を学んだことをきっかけとして、キリスト教へ回心します。

新プラトン主義とは、東方の神秘主義的な思想と融合して解釈されたプラトン主義的な思想のことです。詳細な説明は省きますが、新プラトン主義では、善のイデアを「一者（ト＝ヘン）」という神と捉え、そこから万物が流出すると考えます。キリスト教神学は、新プラトン主義を吸収し、**「一者」を全知全能の神として解釈していく**のです。

できるのは、無条件に神を愛することのみ

アウグスティヌスが大きな関心を寄せたのは、**「悪」と「自由意志」についての問題**でした。人間の世界には、さまざまな悪がはびこっています。だとすれば、神は悪も創造したのではないか。このような問いに対して、アウグスティヌスは、神が善なる存在である以上、悪を生み出すはずはないと答えます。

では、なぜ泥棒のような悪いおこないが存在するのでしょうか。アウグスティヌスは悪の原因を人間の自由意志に求めます。

神は人間に自由意志を与えましたが、人類の祖先であるアダムは、神の命令に背《そむ》き、禁断の木の実を食べてしまったため、その子孫である人間は生まれつき悪を犯しやすい傾向をもつと、アウグスティヌスはいいます。つまり、人間は自由意志をもっているものの、放っておけば、罪を犯してしまう性向をおびているというわけです。

したがってアウグスティヌスは、自助努力で自分を救済できるという考えを認めません。それは、人間の弱さを直視しない傲慢《ごうまん》にほかならないからです。

アウグスティヌスによれば、原罪を背負い、悪を犯しやすい人間の意志が善へと向かうためには、**「神の恩寵」**（**神からの無償の愛**）による以外の道はありません。

だからといって、神の恩寵をあてにして神を信じるような信仰は、真の信仰とはいえません。善に向かうために人間にできるのは、**無条件に神を愛することだけ**なのです。

救済は「教会」を通してのみ

大著『神の国』のなかで、アウグスティヌスは、神の愛にもとづく「神の国」と、高慢な人間の自己愛にもとづく「地の国」という二つの秩序について論じています。

このようにして、二種の愛が二つの国をつくったのであった。すなわち、この世の国をつくったのは神を侮《あなど》るまでになった自己愛であり、天の国をつくったのは自己を侮るまでになった神の愛である。(『神の国(三)』服部英次郎訳、岩波文庫、三六二頁)

同著では世界史が、**神の国と地の国との戦い**として説明され、歴史の終わりでは、神の国が勝利するという終末論が語られています。歴史は最終的な目的に向かって一直線に進む。こうした歴史観から、『神の国』を歴史哲学の先駆として評価する議論もあります。

アウグスティヌスによれば、現世においては、神の国と地の国は明確に区分されているわけではなく、両者はまじり合っているといいます。世俗的な権力者にも神を愛する人間はいるし、教会のなかにも自己愛や支配欲にまみれた人間はいる。ですから、神の国も地の国も、目に見えるかたちではっきりと表れているものではありません。

が、それでもアウグスティヌスにとって教会は、地上にあって、天上の神の国との接点をもつ特別な場所でした。**教会は、地上では唯一、神の代理を担う場所**なのです。

こうした「神の国／地上の国」という二分法は、プラトンの「イデア界／現象界」という二世界論を受け継いだ世界観ともいえるでしょう。アウグスティヌスにあって、欲に満ちた現世（此岸《しがん》）に救済はありません。最後の審判で明らかになる神の国（彼岸《ひがん》）でこそ、神の国の民が救われるのです。

アリストテレスをいかに受容するか

さて、アウグスティヌス没からおよそ八〇〇年を経て、ヨーロッパ中世も終わりにさしかかった頃に登場したのが、トマス・アクィナス（一二二五頃〜七四）です。アウグスティヌスとの比較をふまえ、トマスの思想のポイントを見ていきましょう。

まずは、センター試験を引用します。

問7　**信仰と理性の関係についてのトマス・アクィナスの思想の説明として最も適当なものを、次の❶〜❹のうちから一つ選べ。**

❶信仰も理性も等しい価値をもつが、信仰によって得られる真理と、理性によって得られる真理とは異なると考え、両者を分離する二重真理説を説いた。
❷神が啓示した真理は、信仰によって受け入れられるものであり、この真理の理解には理性が必要であるため、信仰と理性は調和すると説いた。
❸救済のために最も重要なのは愛であるが、信仰も理性も等しく愛の働きを支えると考え、信仰・理性・愛の三つの徳をもって生きることを説いた。
❹人間の本性である理性と、万物を貫く理性は同一であるため、自然に従うことによって、その造り主である神への信仰にめざめると説いた。

（二〇一七年・センター追試験　第3問・問2）

アウグスティヌスに象徴されるように、キリスト教神学は長らく、プラトン哲学を下敷きにして、理論の体系化を図っていきました。同時に、「教会の外に救いなし」という原理を確立し、世俗権力に対する教会の優位を唱えたローマ＝カトリック教会の教義は、西ローマ帝国滅亡後、中世世界の支配的原理となっていきます。

中世のキリスト教神学に大きな変化が訪れるのは一二世紀です。

六世紀に東ローマ帝国皇帝ユスティニアヌスが異教禁止令を出したことで、哲学研究者たちは追放の憂き目にあい、アラビアの地に逃れていきました。このとき、アリストテレスの文献も一部を除いてほとんどが流出していった。そのため、アリストテレスの遺産はもっぱらイスラム圏で継承されていくことになったのです。

しかし、一一世紀末に十字軍運動が起こり、イスラム圏との交流が活発になったことで、アリストテレスの文献がイスラム圏からヨーロッパ世界に逆輸入されていきます。

ここでキリスト教神学は、**アリストテレス哲学をいかに受容するか**という課題に直面します。というのも、イスラム圏から伝わったアリストテレス哲学には、キリスト教の教義と衝突する内容が含まれていたからです。

たとえば、当時の神学者を悩ませた問題に「**世界永遠説**」というものがあります。世界永遠説とは、この世界は始まりも終わりもなく永遠に存在するという説です。これは、神による世界の創造や終末論の教義と相容《あいい》れません。

このように、キリスト教の教義に難題を突きつけたアリストテレス哲学を、トマス・アクィナスはどのように受容したのでしょうか。

信仰と理性は協働する

アリストテレス哲学の受容とは、別の言い方をすると、**信仰と理性との関係をどのように考えたのか**、ということです。たとえば「世界永遠説」について、トマスは『神学大全』のなかで、神による世界創造、すなわち世界には始まりがあるということは、信仰すべきことであり、理性的には論証できないと述べています。

このように書くと、理性に対する信仰の優位を説いているように思えますが、そう単純な話ではありません。

ここで自由意志に関するトマスの議論を見てみましょう。

アウグスティヌスであれば、人間の自由意志とはしょせん不完全な意志であり、生まれつき悪を犯しやすい傾向にあるというでしょう。人間が善に向かうには、神の恩寵による以外、方法はないわけです。

それに対してトマスは、**神の恩寵と自由意志は、対立ではなく協働の関係にある**ことを示します。神の恩寵によって、人間は自由意志から善をなすことができるというのです。

この恩寵と自由意志との協働的な関係は、信仰と理性の関係にもそのままあてはまります。トマスにあっては、信仰と理性は対立するものではありません。たしかに、世界永遠説のように、理性では論証できないこともあります。しかし、神の啓示や神秘が示されることで、新たな問いに向けて理性の可能性が拓《ひら》かれる。トマスはこうした信仰と自然の関係を、**「恩寵は自然を完成させる」**といいました。

中世哲学の研究者である山本芳久さんは、トマスの思想を次のように評しています。

哲学史においては、トマスは、信仰と理性を調和させた人物として紹介されることが多い。だが、その「調和」を静的《スタティック》なイメージで捉えると、極めて大事なことを捉え損なってしまう。……信仰において出会われる神の神秘は、人間理性に限りない刺激を与え、自己の既存の在り方を超えた絶えざる探求へと人間を動的《ダイナミック》に動かし続けていくのだ。（山本芳久『トマス・アクィナス――理性と神秘』岩波新書、二七一―二七二頁）

トマスは、アリストテレスを精緻《せいち》に読解することで、人間理性の可能性をとことん追求しました。彼にとって、理性を用いて自然の秩序を探求することは、神の神秘と対話することにほかなりません。

このように見ると、アウグスティヌスとトマス・アクィナスの関係は、プラトンとアリ

信仰と理性の関係

アウグスティヌス
人間にできるのは
ただ信じることのみ
神の恩寵
神への愛

トマス・アクィナス
神の恩寵により
理性は真理を
理解しようとする
神の恩寵
理性による探求

ストテレスの関係と類比的です。プラトン－アウグスティヌスという系譜は、二世界論にもとづいて、彼岸と此岸の間に大きな切断を設けます。地上の世界（此岸）は仮りそめの世界であり、天上や神の国こそが真なる世界です。

それに対して、アリストテレスの目的論的自然観は、この世界のあらゆる事物に存在する目的があることを示すものでした。そしてアリストテレスを学んだトマスにとって、神の創造した地上の秩序を探求することは、神の神秘に与《あずか》ることでもあった。したがって、此岸と彼岸は断絶したものではなく、どちらも神の創造した目的論的な秩序のなかに位置づけられるのです。

解答と解説

問6の設問文には、「アウグスティヌスの思想を踏まえて」とあります。ここまで解説してきたように、アウグスティヌスは、人間の誰もが原罪を背負い、その救済は神の恩寵による以外はないことを説きました。

このことを念頭に資料文と選択肢を検討すると、❶は「一部の悪しき人々が生まれながらに罪を抱えている」が誤りです。資料文にも「アダムにおいて死んだすべての魂の罪」とあります。❷は「神の裁きが、憐れみには憐れみを、罪には罰を、という報復主義に基づくもの」が誤り。このような内容は、資料文にはまったく述べられていません。❸にある「原罪によって母が犯した罪が贖い得ないものであること」「そのような罪さえも神からの憐れみという恩寵によって裁きを免れ得る」は、アウグスティヌスの思想と合致します。❹の「神の恩寵のおかげで……人々が母の魂の罪を赦すようになる」といった内容は資料文からは読み取れません。したがって正解は❸です。

問7について、本節後半の解説を読めば正解は、信仰と理性の調和を記述した❷だとわかります。なお❶の「二重真理説」とは、当時の急進的なアリストテレス主義者が取った教説です。選択肢の文章にあるように、彼らは、哲学上の真理と信仰上の真理を区別し、どちらの真理も認める立場を取りました。

II「神」が主役の座を譲り、退場していく

――近代哲学のエッセンス

Ⅱ章関連年表

年代	主な出来事	主な哲学者
14世紀～16世紀	ルネサンス	
1517	ルターの宗教改革	
1534	イギリス国教会成立	
		ベーコン（1561～1626）
1588	スペイン無敵艦隊、イギリスに敗れる	ホッブズ（1588～1679）
		デカルト（1596～1650）
1618～48	三十年戦争	スピノザ（1632～77）
1642	清教徒革命	ロック（1632～1704）
1648	ウェストファリア条約	ライプニッツ（1646～1716）
1688	名誉革命	バークリー（1685～1753）
		ヒューム（1711～76）
		カント（1724～1804）
1740	フリードリヒ2世即位	
1760～	イギリスで産業革命	ヘーゲル（1770～1831）
1789	フランス革命	
1804	ナポレオン皇帝即位	
1815	ウィーン条約調印	

さあ、本章からいよいよ近代哲学に入っていきます。

この時期の哲学の流れを一言で表すならば、真なる知識の根拠が神から人間へと移行するプロセス、といえるでしょう。

中世から近代へ移行する過渡期では、ルネサンスと宗教改革という二大イベントがヨーロッパで発生しました。

ルネサンスは「再生」を意味するフランス語です。早くから自治都市が発達し、金融業が盛んだったイタリアでは、一四世紀になると、教会中心主義的な世界観から離れて、人間らしさや個性の重視をモチーフとする芸術作品が次々と生み出されていきます。これらの範となったのが古代ギリシャ・ローマの文芸や芸術でした。

その絶頂期を担ったレオナルド・ダ・ヴィンチとラファエロの死とほぼ時を同じくして、ルターの宗教改革がヨーロッパを席巻《せっけん》していきます。一六世紀初頭のことです。カトリック教会の腐敗を批判し、個人が聖書と向き合うことを信仰の第一義とした宗教改革は、ルネサンスとともに、**近代的な個人の自覚を高める原動力**となりました。

近代哲学の出発点に位置するベーコンやデカルトが活躍したのは、カトリックとプロテスタントとの対立が深まって、泥沼の三十年戦争へなだれ込んでいくような時代です。それはまたヨーロッパ諸国が世界各地に大航海をおこなった時代でもあり、コペルニクス、ケプラー、ガリレイ、ニュートンらによって**自然科学が急速に発展した時代**でもありました（2-1参照）。

が、一六～一七世紀にはまだ、**人間理性の背後に神の理性が控えていました**。その点では、思想的には対照的に見えるデカルトとロックも変わりません。スピノザやライプニッツの哲学もまた神が大きな役割を果たします（2-2～2-4参照）。科学の方面を見ても、ニュートンは神学の研究にもどっぷりとハマっていたし、錬金術を本気で信じる神秘学者という側面ももっていたのです。

それが一八世紀になると、知識の探求に神の後ろ盾がなくなってくる。科学史の大家である村上陽一郎さんは、この時代を「神の真理ぬきの真理論、そして神の働きかけぬきの認識論が成立するようになる過程が進行していく時代」（村上陽一郎『近代科学と聖俗革命〈新版〉』新曜社、三二頁）と評しています。

一八世紀は、フランスで**啓蒙主義**という思想運動が巻きおこった時代です。啓蒙主義とは、理性に絶対的な信頼を置き、中世から続く偏見や因習、無知、封建的制度から人間を解放しようとする思想運動のことをいいます。

「啓蒙の世紀」と呼ばれるこの時代に、哲学でも神は後景に退《しりぞ》いていきます。神よりも経験に知識の基盤を求めていく。しかし、経験だけで確実な知識を基礎づけることができるだろうか。このような疑問を抱いたのがカントでした。

そこでカントは、理性や知性の働きをあらためてゼロから吟味します。カントの代名詞ともいえる『純粋理性批判』『実践理性批判』『判断力批判』という三批判書は、それぞれ「私は何を知りうるか」「私は何をなすべきか」「私は何を望んでよいか」という問いに対応しています。いわば、**神ぬきの理性や知性の働きと限界**を見極めようとしたのがカントの哲学でした(2-5参照)。

このカントを嚆矢《こうし》として、一八世紀後半から一九世紀にかけて、ドイツではのちにドイツ観念論と呼ばれる哲学が展開します。時代的にはフランス革命を経て、ナポレオンが自由、平等、友愛といった革命の理念をヨーロッパに輸出していく頃です。

そんな時代にふさわしく、ドイツ観念論の完成者といわれるヘーゲルは、人間や歴史が自由を獲得していくプロセスとして壮大な哲学体系をつくりあげました(2-6参照)。カントにあっては制限をかけられていた理性の力は、ヘーゲルによって絶対的な真理に到達できる道筋を与えられた。ヘーゲルが近代哲学の完成者と評されるゆえんです。

2-1

誰が「イドラ」に囚われているのか？ ベーコンと近代科学

まずはセンター試験の問題を引用しましょう。倫理のセンター試験では時折、本問のような、哲学上の概念を具体化して考えさせるような問題が出題されます。しかも、家族でプラトンのイデアについて話し合うという状況が非常にユニークです。思わず「こんな家族いるかよ！」とツッコミたくなった人もいるかもしれませんが。

問8 ベーコンは、正しい知識の獲得を妨《さまた》げるものとして四つのイドラを挙げた。次の会話において、「劇場のイドラ」に囚《とら》われていると読みとれるのは誰であるか。❶～❽のうちから一つ選べ。

妹（中学生）：たまたまテレビをつけたら、大学の先生がしゃべってたわ。なんだか面白くて、最後まで見ちゃった。その先生はねえ、プラトンという哲学者を研究してるんだって。そして、イデアというものが存在しているって言ってたよ。お兄ちゃん、プラトンやイデアなんて知っているの？

兄（高校生）：プラトンというのは、有名な古代ギリシアの哲学者だよ。イデアってのは、一口で言うとねえ、事物の本質としての理念的な実在、とでもいうとこかな。倫理の時間に習ったよ。

母：お兄ちゃんは、事物の本質としての理念的な実在なんて偉そうに言うけど、わかってんのかな。ところで、その大学の偉い先生、本当に自分でもイデアが存在していると思っているのかしら？　わたしたちのふだんの生活では、イデアなんて意味があるとはとても思えないわ。

妹：じゃあ、お母さん、プラトンは間違っているの？　お父さんはどう思う？

父：お父さんは、イデアかどうかは知らないけど、なにか理想的な本物の世界というのは、あってもおかしくないと思うよ。

母：そう思うのはお父さんの性格からじゃないかしら。昔から何事も理想化しないと気がすまない性分だったからね。

兄：お父さんもイデアみたいなものはあるって言うし、倫理の教科書や高校の先生の説明もわかったな。やっぱりイデアはあるんだよ。
母：そうかしら。
妹：みんなの話を聞いてたら、なんだかよくわからなくなっちゃった。せっかく面白い考え方だと思ったのに。

❶妹　❷母　❸兄　❹父　❺父と妹　❻母と兄　❼父と兄　❽母と妹

（一九九九年・センター本試験　第3問・問3）

近代科学成立の背景

本節では、設問で問われているフランシス・ベーコン（一五六一～一六二六）を中心に解説しましょう。最初に、ベーコンや次節で見るデカルトの哲学とも密接に関わる**近代科学の成立**について概観してみたいと思います。

神学の世界では、一四世紀のフランチェスコ会士ウィリアム・オッカム（一二八五頃～一三四九頃）が、トマス・アクィナスとは異なる、神学と哲学を明確に分離する思想を展開しました。これは、いわば信仰と理性の役割分担を明確にすることにほかなりません。単純化すれば、神の問題は神学が担当するが、現世の自然研究は哲学（理性）が担当できる。そのことは結果的に、理性の活躍範囲を押し広げることになり、近代科学の土壌を準備していきます。

また、一四世紀〜一六世紀にかけてイタリアから広がったルネサンスも近代科学と密接なつながりがあります。たとえば、ルネサンス期に確立された遠近法は、絵画の空間を人間の視点から主体的に再構成するものであり、その構成は数学的な計算にもとづいています。実際、遠近法を駆使したレオナルド・ダ・ヴィンチ（一四五二〜一五一九）は、数学や力学にも精通し、「工学は数学的科学の楽園である」という言葉も残しています（『レオナルド・ダ・ヴィンチの手記』下巻、杉浦明平訳、岩波文庫）。

こうした神学の変化やルネサンスを背景にして、一七世紀には、天動説から地動説への転換、ガリレイやニュートンらによる力学の基礎の確立など、その後の世界に決定的な影響を与える研究が次々と生まれていきました。これが一七世紀の「**科学革命**」と呼ばれるものです。

自然に服従し、自然を支配する

近代科学の離陸と軌を一にして、学問の刷新を企《くわだ》てたのがフランシス・ベーコンです。一六〇五年、英語で書かれた初の哲学書とされる『学問の進歩』のなかで、ベーコンは、中世を支配したスコラ哲学の閉鎖性を痛烈に批判しました。

……墜落した学問が主としてスコラ学者たちのあいだに圧倒的に行なわれていたのである。すなわち、かれらは鋭くて強い知力と豊かなひまをもちながら、ごくわずかな種類の書物しか読まず、その身が僧院や学寮の小部屋にとじこめられていたように、かれらの知識は少数の作家（主として独裁的支配者アリストテレス）の外に出ることはなく、自然誌についても歴史についても知るところが少なかったので、かれらはそのわずかばかりの材料から、際限なくその知力をはたらかせて、かれらの書物に現存しているような学問のクモの巣を苦心してわれわれのために紡ぎだしたのである。

（『学問の進歩』服部英次郎・多田英次訳、岩波文庫、五三頁）

では、新しい学問はどうあるべきか。ベーコンは、学問の真の目標とは、人間の生活を豊かにすることだと主張します。生活を豊かにするためには、自然の法則に精通し、自然を支配する力を獲得しなくてはなりません。そうしたベーコンの立場を表すのが「知は力なり」という言葉です。この言葉の元となった**「人間の知識と力とは合一する」**を含む一節は、主著『ノヴム・オルガヌム（新機関）』のなかにあります。

人間の知識と力とは合一する。原因が知られなければ、結果は生ぜられないからである。というのは、自然は服従することによってでなければ、征服されないのであって、自然の考察において原因と認められるものが、作業においては規則の役目をするからである。（『ノヴム・オルガヌム』服部英次郎訳、『ワイド版世界の大思想6　ベーコン』河出書房新社、二三二頁）

ここからわかるように、ベーコンは、自然法則を把握することを**「自然に服従する」**と表現しています。では、いかにして自然の法則を知ることができるのか。その方法論として示されるのが、ベーコンの代名詞となっている「帰納法」です。

三段論法vs.帰納法

帰納法を説明するにあたって、ベーコンはアリストテレスが定式化した三段論法を批判します。三段論法とは、

・人間は死ぬ
・ソクラテスは人間である
・よってソクラテスは死ぬ

という推論のことです。このような三段論法では、最初に普遍的な命題である大前提を立てて、そこから一般的な結論を導きます。逆に、「人間は死ぬ」のような大前提となる命題そのものを導くことはできません。**三段論法は、新しい知識を発見することはできない**のです。

かわってベーコンが、新しい学問の方法として提出するのが**帰納法**です。帰納法とは、集めた個別の事実から一般的な法則を導く推論のことをいいます。たとえば、イワシは卵から生まれる、アジも卵から生まれる……という個別の事実をもとに、「よってあらゆる魚

は卵から生まれる」と**一般的な法則を導く**のが「帰納」です。

ただしベーコンは、いま見たような、単純に事例を集めて共通点を抜き出す方法だけでは不十分であり、収集した個々の事例を適切に選《よ》り分け吟味しながら、少しずつ一般命題に接近していく必要があるといいます。それは自然の探究においては、観察や実験を繰り返して法則を導くことにほかなりません。こうしてベーコンは、近代科学の基礎となる研究方法を打ち出したのです。

四つのイドラ

帰納法にとって正しい観察や実験は命綱です。しかし人間は、しばしば先入観や偏見、バイアスをもって物事を見てしまう。ベーコンは、人間の精神をとりかこんでいる先入観や偏見を**「イドラ」**（「幻影」の意）と呼び、種族のイドラ、洞窟のイドラ、市場のイドラ、劇場のイドラという四つのイドラを挙げています。順番に見ていきましょう。

一つ目の**「種族のイドラ」**とは、人類という種族が共通にもつもので、視覚や聴覚といった感覚をそのまま信じ込んでしまうことをいいます。たとえば、星が小さく見えるから、星の大きさも見たままのサイズだろうと判断してしまうのは、見たものはそのまま真

四つのイドラ

❶ 種族のイドラ

天が動いているような感覚

目の錯覚

擬人観

❷ 洞窟のイドラ

家族環境や境遇

個人的な体験

読んだ本の影響

❸ 市場のイドラ

インターネットの情報

うわさ話

聞き違い

❹ 劇場のイドラ

人気番組の情報

偉い人の言葉

実であるという「種族のイドラ」が入り込んでいるからです。
二つ目の**「洞窟のイドラ」**は、個人の性格や経験、育った環境、受けた教育などによって、狭い見方に陥ってしまうことをいいます。洞窟のように狭く閉じた集団の価値観を絶対視してしまうことも、洞窟のイドラにあたります。
三つ目の**「市場のイドラ」**は、コミュニケーションのなかで生じる言葉の誤用や不適切な使用がもたらす先入観です。流言やデマを信じたり、抽象的な概念をもてあそんだりする際に、市場のイドラは生じます。
四つ目の**「劇場のイドラ」**は、芝居や演劇を真実だと思い込むように、伝統や権威、誤った学説や理論を無批判に受け入れてしまうことで起こる先入観です。偉い学者が言っているからきっと本当だろうと、自分で情報を吟味せずに鵜呑みにしてしまう人は、劇場のイドラに囚われていることになります。
こうした先入観を排し、実験や観察を通じて真理を探求する――帰納法や経験を重視するベーコンの哲学は、イギリス経験論の祖となって、ロックやヒュームに引き継がれていきます。

解答と解説

「劇場のイドラ」とは、伝統や権威を無批判に受け入れてしまうことでした。妹は、三人の話を聞いた末に「なんだかよくわからなくなっちゃった」だけで、イデア論を受け入れてはいません。母も「わたしたちのふだんの生活では、イデアなんて意味があるとはとても思えないわ」と疑問を呈しています。父は、「なにか理想的な本物の世界というのは、あってもおかしくないと思うよ」とは言うものの、これは父個人の見解であって、伝統や権威に無条件に従っているわけではありません。

それに対して兄は、「お父さんもイデアみたいなものはあるって言うし、倫理の教科書や高校の先生の説明もわかったな。やっぱりイデアはあるんだよ」と、父の見解や教科書、先生の説明を鵜呑みにしています。したがって、正解は「❸兄」です。

2-2

人はいかに「真理」に辿りつくのか？

デカルトの物心二元論

本節の主人公デカルトはセンター試験頻出の哲学者です。受験生にはおなじみの人物といえるでしょうが、過去の出題の多くは、彼の哲学の内容にあまり深く踏み込んではいません。そのようななか、次に引用する問題は、穴埋め形式ではあるものの、デカルトの哲学の特徴とされる物心二元論（心身二元論）にまで触れている点で、一段深い理解が求められています。

問9　**デカルトの哲学について述べた次の文章を読み、（a）～（c）に入れる語句の組合せとして正しいものを、❶～❽のうちから一つ選べ。**

『方法序説』の冒頭で「（a）はこの世で最もよく配分されている」と述べたデ

カルトは、誰もがそれを正しく用いることによって、真に確実な知識を得ることができると考えた。彼は、すべてを疑った結果、疑い得ない真理として、「私は考える、ゆえに私はある」という命題に到達した。この原理を確実なものとして、そこからデカルトは他の真理を論証して導き出そうとした。このような論証の方法は（b）と呼ばれる。

デカルトは、さらに考察を進め、精神が明晰《めいせき》判明に認識するものとして、物体の存在も認めたが、精神の本質が考える働きであるのに対し、物体の本質は（c）だとした。彼によれば、身体は自ら考えることはないため、物体にほかならない。

❶ a 良識　b 帰納法　c 質料
❷ a 良識　b 帰納法　c 延長
❸ a 良識　b 演繹《えんえき》法　c 質料
❹ a 良識　b 演繹法　c 延長
❺ a 悟性　b 帰納法　c 質料
❻ a 悟性　b 帰納法　c 延長
❼ a 悟性　b 演繹法　c 質料
❽ a 悟性　b 演繹法　c 延長

（二〇一六年・センター追試験　第4問・問2）

探究の四つの規則

ルネ・デカルト（一五九六～一六五〇）の代表作『方法序説』は、**「良識はこの世でもっとも公平に分け与えられているものである」**という有名な一節から始まります。デカルトによれば、物事を正しく判断する良識や理性は、すべての人に生まれつき平等に備わっている。人間は誰でも、良識や理性を正しく用いれば真理に到達できるといいます。

デカルトも前節で取り上げたベーコンと同様に、過去の学問を強く批判し、新しい学問の方法論を打ち立てようとしました。

『方法序説』第一部には、彼が学校で学ぶ学問に期待したものの、やがて幻滅するまでの経緯が率直に語られています。でも、数学だけは違いました。数学の論理は、人文系の学問と違い、**「確実性と明証性」**を備えていたからです。

デカルトは学問の方法も、数学のような「確実性と明証性」にもとづかなければならないと考えました。『方法序説』と呼ばれる本の正式名称は、『みずからの理性を正しく導き、もろもろの学問において真理を探究するための方法についての序説およびこの方法の試論（屈折光学・気象学・幾何学）』です。

真理を探究する学問の方法をつくりあげるために、デカルトはまず、**四つの思考の規則**

を宣言します。

①明証的に真であると認めたもの以外、決して受け入れないこと（明証の規則）
②難しい問題はできるだけ小さい部分に分けること（分析の規則）
③もっとも単純なものから始めて複雑なものに達すること（総合の規則）
④見落としがないように、一つひとつ数えあげること（枚挙の規則）

このルールにもとづけば、最初にやらねばならないことは「明証の規則」に従うこと、つまり誰にとっても確実な真理を見つけることです。

デカルトが真理を導く手順は、「我思う、ゆえに我あり」という確実な真理を最初に置いて、そこから他の真理を導くというものです。このように、確実な原理から出発して、推論を展開する方法を**演繹法**といいます。したがって学問の方法論として見た場合、デカルトは、ベーコンの帰納法とは対照的な方法を採用しています。なお、前節で触れた三段論法も演繹法ですが、デカルトにとって、中世のスコラ哲学の推論は疑わしかった。だからこそ、最初の真理の発見が非常に重要なのです。

方法的懐疑から導かれた「我思う、ゆえに我あり」

では、どうやって確実な真理を見つけたらいいのか。デカルトは、疑うことから始めます。いきなり確実な真理を探すのではなく、疑うことにより真理ではない事柄を洗いざらい探って、それでも残るものを真理と判定する。これが有名な「**方法的懐疑**」です。

デカルトは、とにかくすべてを疑ってみました。色や匂《にお》いなんて、人によって見え方や感じ方が違うので、確実な真理といえるはずがない。では、目の前にコップがあることは、確実だろうか。いや、いま自分自身は夢の中かもしれない。悪い霊に騙《だま》されているかもしれない。そうなると、コップどころか、自分が手足を動かしていることや「2＋3＝5」ということだって、疑わしくなります。

疑い尽くしていけば、確かなものなんて何もなさそうに思えてきます。はたして確実な真理なんてあるのでしょうか。デカルトの言葉をそのまま引用してみましょう。

……わたしは、それまで自分の精神のなかに入っていたすべては、夢の幻想と同じように真でないと仮定しよう、と決めた。しかしそのすぐ後で、次のことに気がついた。

すなわち、このようにすべてを偽と考えようとする間も、そう考えているこのわたしは必然的に何ものかでなければならない、と。そして「わたしは考える、ゆえにわたしは存在する〔ワレ惟《おも》ウ、故《ゆえ》ニワレ在《あ》リ〕」というこの真理は、懐疑論者たちのどんな途方もない想定といえども揺るがしえないほど堅固で確実なのを認め、この真理を、求めていた哲学の第一原理として、ためらうことなく受け入れられる、と判断した。

(『方法序説』谷川多佳子訳、岩波文庫、四六頁)

いまが夢の中だろうと、悪い霊に騙されていようと、「ここは夢の中かもしれない」「悪い霊に騙されているかもしれない」と「思うこと」自体は、疑い得ない。ならば、考えている自分が存在していることだけは確実です。

こうしてデカルトは、かの有名な「我思う、ゆえに我あり」という最初の真理を発見するわけです。

神の理性の出張所

しかし、まだこの段階では、「何かを考えている自分がいる」ということしか、確実な真理ではありません。いぜんとして、まわりに見えているものは疑わしいままです。

ここでデカルトは「神の存在証明」というアクロバティックな論法に打って出ます。**神の存在を証明し、自分の認識の正しさを、神に保証してもらおうとする**のです。

『方法序説』第四部では、神の存在証明は次のように説明されています。


わたしは、自分の持たないいくつかの完全性を認識しているのだから、……他のいっそう完全な存在者が必ずなければならず、わたしはそれに依存し、わたしが持つすべてのものはそこから得たはずだ……。（同前、四九頁）

わかりにくいと思いますが、デカルトの証明はこういうものです。

人間である私は不完全な存在です。不完全な存在は、原理的に「完全性」という観念を自分の力でもつことはできません。でも、人間はなにがしかの「完全性」という観念をもっています。とすれば、完全性という観念は、完全な存在である神から与えられたとしか考えられない。

この証明には、次のことが前提されています。

理性の背後には、神の後ろ盾が

× 不完全な存在（人間）→完全性という観念

○ 完全な存在（神）→完全性という観念

この前提にもとづけば、私たちが認識する完全性という観念は、神に由来すると考えなければなりません。それゆえ、神は存在するというのが、デカルトの神の存在証明です。

神が存在する以上、人間は神の知性を分けもっています。つまり**人間の理性の背後には、神の後ろ盾があるわけです。**

こうして、人間が明晰に認識するもの

は、真理であることが保証されるのです。デカルトは次のように述べました。

神があり、存在すること、神が完全な存在者であること、われわれのうちにあるすべては神に由来すること。その結果として、われわれの観念や概念は、明晰かつ判明であるすべてにおいて、実在であり、神に由来するものであり、その点において、真でしかありえないことになる。（同前、五四頁）

木田元さんの卓抜した表現を借りれば、人間の理性は「神の理性のミニアチュアであり、いわばその出張所のようなもの」（木田元『反哲学史』講談社学術文庫、一四三頁）です。キリスト教の神は、世界を創造しているのですから、世界は神の理性によって支配されていることになります。したがって、神の理性の出張所である人間理性は、この世界の法則を明晰に認識することができるわけです。

そして、物心二元論に行きつく

とはいえ、人間のもつ観念がすべて客観的に確実なわけではない。色や音といった五感から生じる観念や、ドラえもんのような想像の産物は、客観的なものではないからです。経験から法則を導こうとしたベーコンとは真逆で、デカルトにとって、生まれた後に経験的に得られるような観念は、不完全であやふやなものなのです。

デカルトにとって、客観性が保証されている観念は、人間が生まれながらにもっている生得観念にかぎられます。その最たるものが、「2＋3＝5」のような**数学的な観念**です。

方法的懐疑の段階では「2＋3＝5」すら疑わしいものとされましたが、神の存在が確かめられた以上、数学的な観念は「真でしかありえない」。神は誠実であり、私たちを騙したりはしないからです。

ここから後の内容は、『方法序説』ではなく、その哲学的な議論の部分を詳述した『省察』という本に従って記していきましょう。『省察』では、神の存在証明ののち、物体について論じています。ここでも神の誠実から、物体の存在が確かめられる。つまり、私たちがもつ物体の観念は、客観的に実在するということです。

でも物体は「私が感覚で把握するとおりのものとして存在するのではないであろう」（『省察』井上庄七・森啓訳、『省察 情念論』中公クラシックス、一一九頁）とデカルトはいいます。感覚による把握は不明瞭だからです。では、**物体の観念から感覚的な観念を引き算すると何**

が残るでしょうか。

それは数学的に把握される観念であり、つまりは空間的な広がりのことです。この空間的な広がりをデカルトは**「延長」**と呼びました。

たとえば、レモンについて考えてみましょう。レモンの色や匂いは、人それぞれ受け取り方が違うので、レモンの本質とはいえません。一方、レモンが空間のなかで占めている広がり、ざっくり言ってしまえば表面積や体積は客観的です。このような広がり、すなわち「延長」をレモンの本質と考えるわけです。

ここまでの議論をまとめましょう。以上からわかるように、デカルトの哲学では、世界は「精神（心）」と「物体」という二つの実体（他の影響を受けず、それ自体として不変のもの）からできあがっています。これが**「物心二元論」**と呼ばれるものです。そして、精神の本質（属性）は思惟《しい》（考えること）であり、物体の本質（属性）は延長（空間的な広がり）であるとデカルトは考えました。このとき身体は、心ではないので物体の側に割り振られます。デカルトにとって、身体は物体にすぎないのです。

人工知能研究との関連

デカルトの物体観にもとづけば、自然の事物は数学的に把握できる物体にすぎません。このように、身体も含めた自然の事物を、数学的に把握できる機械の部品のように捉える見方のことを**「機械論的自然観」**といいます。

これは、中世まで支配的だったアリストテレスの目的論的自然観とはまったく異なるものです。アリストテレスの自然観では、自然現象は一定の目的をめざして起きる。たとえば目的論的自然観では、石ころは、下方に落ちる本性があるから、下に向かって落下するのだと考えます。つまり、下に落ちるという目的のために落ちるわけです。

一方、機械論的自然観では、ありとあらゆる物体は、引力を原因として同じ法則にもとづいて落下するのであって、自然の事物に目的はありません。

こうした機械論的自然観を基礎として、自然現象を操作の対象とする近代科学が発展していくことになります。

最後に、現代の人工知能研究にまでつながる心身問題について見ておきましょう。

先述したようにデカルトは、心と身体を区別しました。しかし、両者の関係についても論じています。デカルトによれば、心の場所は、脳の極小な部位である「松果腺《しょうかせん》」にある。

そして、心と身体は松果腺で結びつき、互いに影響を及ぼし合っているといいます。

二〇世紀イギリスの哲学者ギルバート・ライル（一九〇〇〜七六）は、身体の内部にある心という独立した存在が身体を操作するというデカルトの捉え方を「**機械の中の幽霊**」と批判しました。

が、デカルトの投げかけた心と身体の関係という問題は、心身問題から心脳問題へと形を変えたいまなお、決定的な解答は得られていません。それだけ大きな問いを発見し、説明を企てたことは、哲学者デカルトの大きな功績といえるでしょう。

解答と解説

（a）は単純な暗記問題で「良識」です。（b）については、デカルトの論証の方法が「演繹法」であることは説明しました。そしてデカルトは、物体の本質は空間の広がりと考えたので、（c）は「延長」です。以上から正解は❹だとわかります。

2-3

自由とは？　実体とは？

スピノザとライプニッツの大陸合理論

アウグスティヌスの節で述べたとおり、倫理のセンター試験では、哲学者の原文を解釈させる問題が出題されることがあります。次の問題では、スピノザの哲学のなかでも非常に重要な「自由」の概念を論じた一節が引用されています。スピノザやライプニッツは、高校倫理の教科書ではデカルトのおまけ程度でしか扱われませんが、スピノザの原文に触れてほしいというねらいから引用しました。

問10　**次の文章は、スピノザが自由について述べたものである。その内容の説明として最も適当なものを、❶～❹のうちから一つ選べ。**

私は、自己の本性《ほんせい》の必然性のみによって存在し行動する事物を自由であると言い、これに反して、他の事物から一定の仕方で存在し行動するように決定される事物を強制されていると言います。……被造物についてみてみましょう。被造物はすべて或《あ》る一定の仕方で存在し行動するように外的諸原因から決定されています。例えば、石は自己を突き動かす外部の原因から一定の運動量を受け取り、外部の原因の衝動がやんでから後も、必然的に運動を継続します。……ここに石について言えることは、(人間を含む)すべての個別的な事物について言えます。……すべての人は自由をもつことを誇りますけれども、この自由は単に、人々が自分の欲求は意識しているが自分をそれへ決定する諸原因は知らない、という点にのみあるのです。

(『往復書簡集』より)

❶人間は、他の被造物と異なり、自己の本性の必然性によって行動する。だが、個人的な欲求に囚《とら》われている限り、人間はこの点に気づかない。このような欲求を克服することで、人間は自由となり得る。

❷人間は、他の被造物と同じように自己を突き動かす原因を知らないのに、自分は自由だと思い込んでいる。これに対し、真の自由とは、他から決定されるのではなく、

自己の本性によって行動することである。

❸すべての被造物は、他から一定の仕方で行動するように必然的に決定されている。私たち人間もまた、他の事物から強制されずには、何ごともなし得ない。人間は自由でないのだから、欲求に従うべきである。

❹すべての被造物は、外的な原因によって突き動かされる。その外的な原因についての洞察は、神によって与えられる。そのため、人間が自由になることができるのは、被造物を超えたものの力によってである。

（二〇一五年・センター追試験　第4問・問4）

認知科学の先駆者スピノザ、一〇〇〇年に一人の天才ライプニッツ

前節で取りあげたルネ・デカルト、そしてバルフ・デ・スピノザ（一六三二～七七）とゴットフリート・ライプニッツ（一六四六～一七一六）は、みな一七世紀の哲学者です。教科書的には、この三人は「**大陸合理論**」という名前で括《くく》られ、次節で見るイギリス経験論と対置されます。

ここでいう「大陸」とはヨーロッパ大陸のこと。大陸合理論とは主にオランダ、フランス、ドイツで展開した哲学のことです。大陸の哲学は、上記の三人にかぎらず、**理性を重視し、原理から出発して論証を進めていくタイプの哲学**が主流だったことから、大陸合理論と呼ばれるようになりました。

しかし、スピノザにせよ、ライプニッツにせよ、こうした括りでは収まりきらない広がりをもつ哲学者です。二人はともに、現代の哲学や思想はもちろんのこと、自然科学の分野にも大きな影響を及ぼしています。たとえば認知神経科学の第一人者で、感情の研究でも有名なアントニオ・R・ダマシオは、スピノザを感情の科学の先駆者として位置づけました。あるいはライプニッツは、数学者としてニュートンとほぼ同時に微積分を発見したほか、彼が確立した二進法は、コンピュータの基礎理論となっています。私が大学で教わった坂部恵先生は「デカルトやカントは一〇〇年に一人の天才だが、アリストテレスとライプニッツは一〇〇〇年に一人の天才」とよくおっしゃっていました。

本節では、引用した問題を導きに前半でスピノザの哲学を扱い、後半で別の問題を引用したうえで、ライプニッツについて見ていきます。

石ころから人間の肉体まで、すべては神のあらわれである！

スピノザの主著『エチカ』で最初に論じられるのは、実体や神という問題です。前節で見たように、デカルトは、精神と物体という二つの実体から世界を説明する二元論の哲学を打ち立てました。ただ、その背後には神という究極の実体が控えている。デカルト哲学の屋台骨を支えているのは、ユダヤ・キリスト教的な全知全能の神の存在なのです。デカルトは、有限の実体である精神と物体と区別して、神は無限の実体だといいます。

一方、スピノザの神は、ユダヤ・キリスト教的な神とは大きく異なります。一神教の神は独立した全知全能の存在ですから、人間でもなければ石ころでもありません。自然の事物を超越し、世界そのものをつくり出す存在です。

それに対して、スピノザの定義する神とは**世界そのもの**です。スピノザによれば、人間の精神や身体、動物、植物、石ころはすべて神のあらわれにほかならない。このことをスピノザは**「神即自然《かみそくしぜん》」**と表現しました。このように、世界のあらゆる事物に神が行きわたっているという考え方を**「汎神論《はんしんろん》」**といいます。漢字の「汎」は、物事がすみずみまで行きわたっているという意味。神と世界は同一である、つまりデカルトの二元論に対して、スピノザは「すべては一つの神」という一元論を唱えたのです。

キリスト教の世界観 vs. スピノザの汎神論

キリスト教の世界観
神が自然を創造

スピノザの汎神論
神＝自然

さらにスピノザは、『エチカ』のなかで神について次のように述べています。

神は、あらゆるものの内在的原因であって超越的な原因ではない。〔第一部定理一八〕（『エティカ』工藤喜作・斎藤博訳、『世界の名著30 スピノザ ライプニッツ』一〇〇頁、中公バックス）

精神と物体も実体とするデカルトとは違い、スピノザにとって、実体は神だけです。実体とは、他の事物に依存せず、それ自身で存在するものを意味します。この唯一の実体である神が、さまざまに状態を変化させて、個々の事物が現れる。その意味で、神は、世界の外部から世界を創造するような超越的な原因ではなく、**自らが状態を変化させてさまざまな事物として表れる内在的な原因**なのです。

意志が存在しないのなら、人間にとって自由とは何か

神はあらゆる事物の原因ですから、神自身は他の何かに動かされることはありません。したがって神こそが完全に自由な存在です。

他方で、人間は神の一部ですから、人間自身に自由意志はありません。「今日はハンバーガーを食べよう」と思って、ハンバーガーを食べる。これは自由意志の働きのように見えますが、スピノザに言わせれば、実際には、神が行きわたった自然のなかでさまざまな外部の原因が働いた結果、ハンバーガーを食べているにすぎません。ですから、**自由意志は思い込み**ということになります。

冒頭に引用した資料文では、石ころの例が挙げられていました。石ころもまた、川に流されたり、人に蹴《け》られたりして運動します。人間の行動や欲求もそれと変わらないというのがスピノザの考えです。

では、人間に自由は存在しないのでしょうか。そんなことはありません。『エチカ』の第

五部のテーマは「知性の能力あるいは人間の自由について」です。

スピノザにとって、人間の自由とは、ハンバーガーを選ぶような自由意志のことではありません。端的にいえば、それは**理性に従って生きること**です。

神＝自然は、さながら幾何学のように、必然の法則に従ってさまざまな事物や運動に変じていきます。人間もまた、その神＝自然の秩序に従わなければなりません。

しかし、その法則を知らずに生きてしまうと、人は自分の境遇を不満に思ったり、物事がうまくいかないことを他人のせいにして憎んだりします。逆に、理性に従い、自分が神＝自然の法則とともにあることを知っている人間は、うまくいかなかった原因や、自分のなすべきこと、自分が本当に望んでいることを知ることができる。

嚙み砕いていえば、**神＝自然の法則に無自覚に生きるのではなく、理性に導かれて法則の内にあることを知って生きる**。そこにスピノザは、人間の自由を見るのです。

モナドって何だ？

次に、「一〇〇〇年に一人の天才」ライプニッツの思想を見ていきましょう。

問11 実体について考察したライプニッツの説明として最も適当なものを、次の❶〜❹のうちから一つ選べ。

❶実体とは不滅の原子のことであり、世界は原子の機械的な運動によって成り立っていると考えた。
❷存在するとは知覚されることであるとして、物体の実体性を否定し、知覚する精神だけが実在すると考えた。
❸世界は分割不可能な無数の精神的実体から成り立っており、それらの間にはあらかじめ調和が成り立っていると考えた。
❹精神と物体の両方を実体とし、精神の本性は思考であり、物体の本性は延長であると考えた。

（二〇一七年・センター追試験　第3問・問3）

ライプニッツが実体をどのように捉えたのかを尋ねる設問です。
すでに見たように、デカルトが精神と物体という二つの実体を認める二元論の立場であるのに対して、スピノザは神のみを実体とする一元論を展開しました。

この二人に対して、ライプニッツの立場は**多元論**です。すなわち**世界は無数の実体からなっていると**考えたのです。ライプニッツは、この無数の実体を「**モナド**」と呼びます。

モナドという言葉は、ギリシャ語で「一つのもの」を表すモナスに由来し、日本語では「単子」と訳されます。

このように書くと、モナドとは、原子のようなものに思われますが、ライプニッツによれば、モナドとは、単一な実体なので「ひろがりも、形もあるはずがない」。ひろがりや形があれば、分割ができてしまい、単一とはいえないからです。したがって、モナドは物質ではありません（物質であれば、ひろがりや形はあります）。見ることも触ることもできないし、イメージすることすら難しい。そういう意味でモナドは、経験を超えた形而上学的な実体であり、私たちに理解しやすい言葉でいえば、精神的な実体ということになるでしょう。

彼のモナド論は、『モナドロジー』という著作で読むことができます。ライプニッツによれば、無数のモナドは相互に独立していて、「何かが出入りできるような窓はない」。だから、モナドは相互に関係をもつことはありません。

しかし関係はなくとも、個々のモナドは、無数の表象をもつとライプニッツはいいます。表象とは、何かを映し出すことです。

モナドが映し出すのは森羅万象です。といっても、外のモナドを映すのではありません。神が無数のモナドを創造し、個々のモナドは、神によって世界に関するあらゆる事柄がプログラミングされている。個々のモナドは自分の内にあるそのプログラムを表象していくことになります。

超絶プログラマーの腕前を見よ!

いってみれば、神は超絶プログラマーです。個々のモナドには、世界が最善となるようなプログラムがあらかじめ書き込まれている。世界はあらかじめ予定調和になるようにできているわけです。

ライプニッツは「時計の比喩」でこの予定調和を説明しました。二つの時計の時刻を合わせる方法を考えてみましょう。①互いに連動させる、②瞬間ごとに合わせる、③あらかじめ二つの時計を精密につくる、という三つの方法がありますね。神は第三の方法をとっているというのです。

ライプニッツの考えた「予定調和」

神は超絶プログラマー

ですから、この世界で起こるさまざまな出来事には、それが起こった十分な理由があることになります。

われわれは、事実がなぜこうであってそれ以外ではないのかということに十分の理由がなければ、いかなる事実も真であることあるいは存在することができず、またいかなる命題も真であることはできない、と考えるのである。もっともこのような理由は、ほとんどの場合われわれには知ることはできないけれど。(ライプニッツ『モナドロジー〈哲学の原理〉』西谷裕作訳、『ライプニッツ著作集9』

工作舎、二一七－二一八頁）

ここでもプログラムの比喩で考えるとわかりやすいかもしれません。超絶プログラマーである神は、矛盾が生じるようなプログラムを書くことはできません。プログラムの可能性は無限にありますが、十分な理由のあるプログラムしか書くことはできないのです。

このように、どんな出来事にも十分な理由がなければならないという原理を「**充足理由《じゅうそくりゆう》律《りつ》**」といいます。世界が充足理由律に従っていることは、無数のモナドが予定調和的に統一されていることにほかなりません。私たちには理不尽に思えることも、神からすれば十分な理由がある。ライプニッツのモナドは、世界をつねに最善に保ち続ける実体なのです。

まとめましょう。デカルト、スピノザ、ライプニッツなど、大陸合理論の哲学は、なんらかの原理から出発して論証を進めていく演繹的なスタイルを特徴としています。スピノザでは「神即自然」、ライプニッツでは「モナド」がそれにあたりました。

この三人はまた、世界にはあらかじめ法則的な秩序が成立していることを前提としている点でも共通しています。一元論、二元論、多元論という違いこそあれ、三人は、世界の秩序は神の存在によって保証されていると考えた。そして、人間は正しく理性を用いることで、世界の秩序を知ることができるというわけです。

解答と解説

問10から見ていきましょう。❶は「人間は、他の被造物と異なり、自己の本性の必然性によって行動する」が誤り。資料文では「被造物はすべて或る一定の仕方で存在し行動するように外的諸原因から決定されています」とあり、この点では人間も他の被造物も同じです。❸は「人間は自由でないのだから、欲求に従うべきである」が誤り。引用文のなかにこのような記述はありません。❹も「その外的な原因についての洞察は」以降が、引用文からは読み取れないので誤り。正解は❷です。

問11については、本節後半の説明をふまえれば、簡単に❸を選ぶことができるでしょう。ちなみに❶は古代ギリシャのデモクリトス、❷は次節で見るバークリー、❹はデカルトによる実体の説明です。

2-4

「因果関係」って何だ？

ロック、バークリー、ヒュームのイギリス経験論

本節では、「イギリス経験論」を扱いましょう。次に引用するのは、イギリス経験論を代表する哲学者ロック、バークリー、ヒューム、そして2-1節で見たベーコンの思想を、それぞれ正しく理解しているかどうかを問う設問です。

問12 **次のア〜ウは、経験に知識の源泉を求めた思想家の説明であるが、それぞれ誰のことか。その組合せとして正しいものを、❶〜❽のうちから一つ選べ。**

ア　事物が存在するのは、私たちがこれを知覚する限りにおいてであり、心の外に物質的世界などは実在しないと考え、「存在するとは知覚されることである」と述べた。

イ　私たちには生まれつき一定の観念がそなわっているという見方を否定し、心のもとの状態を白紙に譬《たと》えつつ、あらゆる観念は経験に基づき後天的に形成されるとした。

ウ　因果関係が必然的に成り立っているとする考え方を疑問視し、原因と結果の結び付きは、むしろ習慣的な連想や想像力に由来する信念にほかならないと主張した。

❶　ア　ヒューム　イ　ベーコン　ウ　バークリー
❷　ア　ヒューム　イ　ベーコン　ウ　ロック
❸　ア　ヒューム　イ　ロック　ウ　バークリー
❹　ア　ヒューム　イ　ロック　ウ　ベーコン
❺　ア　バークリー　イ　ベーコン　ウ　ヒューム
❻　ア　バークリー　イ　ベーコン　ウ　ロック
❼　ア　バークリー　イ　ロック　ウ　ヒューム
❽　ア　バークリー　イ　ロック　ウ　ベーコン

（二〇一六年・センター本試験　第4問・問5）

前節までに述べた「原理」重視の大陸合理論に対して「待った」をかけたのが、ベーコンを源流とし、知識の基盤を経験に置く**イギリス経験論**でした。経験論では、**演繹ではなく帰納的な論証を重視**します。合理論の範が数学だとすれば、経験論の範は**観察・実験**です。

まず、イギリス経験論の本格的な幕開けを告げた、ジョン・ロック（一六三二〜一七〇四）の哲学から見ていきましょう。

ロックが『人間知性論』のなかでめざしたのは、人間の知性の能力を吟味して、知性は何をどの程度まで認識することができるのかを明らかにすることでした。哲学では、人間の認識能力を考察する議論を**「認識論」**といいます。その意味でロックの哲学は、近代認識論の本格的な開幕を宣言するものだといっていいでしょう。

人間の心は「タブラ・ラサ」である

人間はどのように知識を獲得するのか。その考察の皮切りとして、ロックは大陸合理論の特徴である「生得説」を批判します。

生得説とは、人間は生まれながらにして知識をもっているという思想のことでした。デカルトをはじめ、大陸の哲学者たちは、人間は、「Aかつ非Aであることはない」という矛盾律や、「神」「延長（広がり）」といった観念を生得的にもっていると考えた。しかしロックは「子どもや白痴は、明らかに、みんなこれらの原理をいささかも認知しないし、考えない」（『人間知性論』大槻春彦訳、『世界の名著32 ロック ヒューム』中公バックス、七二頁）という例を挙げ、生得説を否定したのです。

かわってロックが知識の基盤とするのが経験です。

> どこから心は理知的推理と知識のすべての材料をわがものにするか。これに対して、私は一語で経験からと答える。この経験に私たちのいっさいの知識は根底を持ち、この経験からいっさいの知識は究極的に由来する。（同前、八一頁）

ロックによれば、人間の心は「**タブラ・ラサ**」のようなものです。タブラ・ラサとは、ラテン語で「何も書かれていない書板」という意味です。つまり人間は、白紙に文字を書き込むように、経験を通じて、さまざまな事物の観念を手に入れる。そして無数の単純な観念を組み合わせて、より複雑な観念の知識も獲得するというわけです。

これは多くの人が納得しやすい考え方です。しかし、知識の基盤が経験だとすると、経

タブラ・ラサ

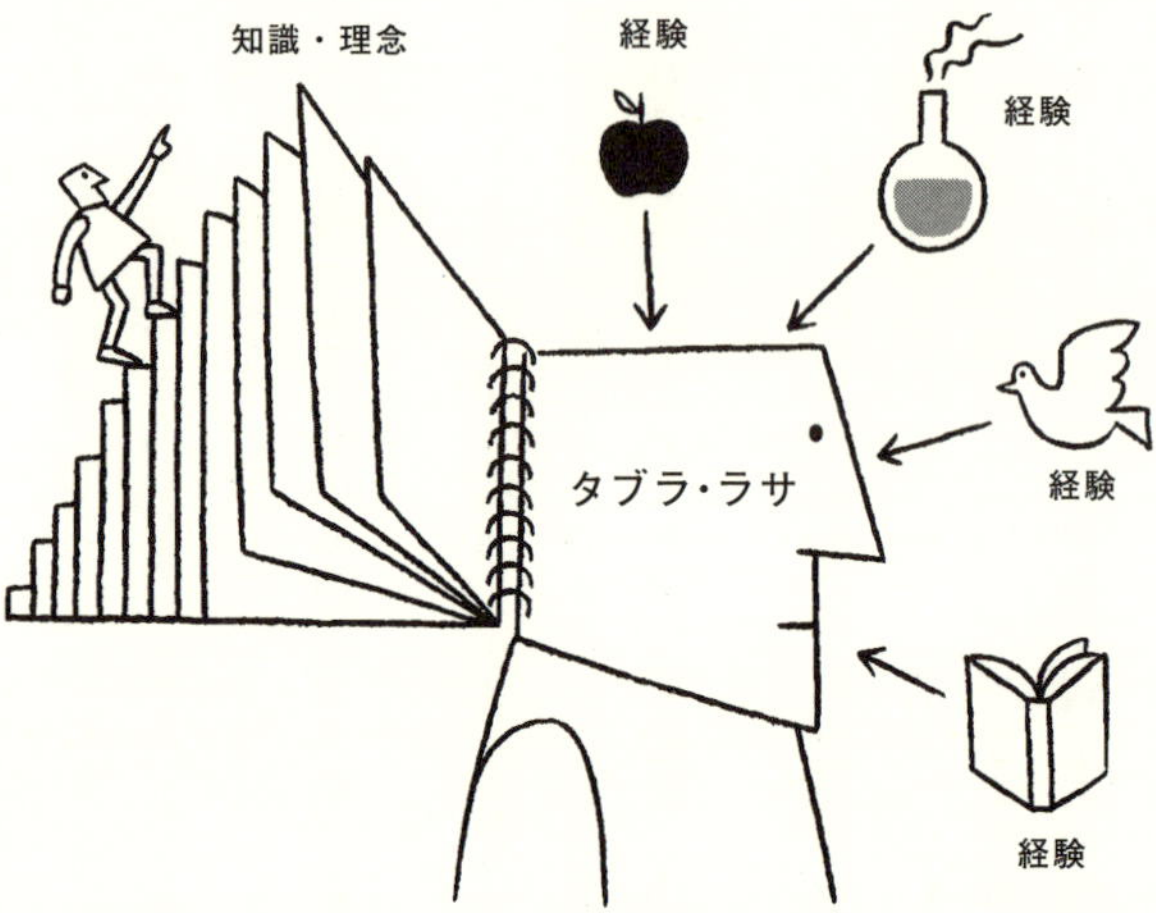

験のあり方は人それぞれですから、誰にとっても真であるような客観的な知識が得られる保証はありません。
　ロックは、この問題を**「一次性質」**と**「二次性質」**という考え方で切り抜けようとします。ロックは、広がり、形、量、数など、**物体がもっている数学的な性質**を一次性質と呼び、色や音のように、**感覚器官を通じて得られる物体の性質**は「二次性質」と呼びました。一次性質も二次性質も観念であることには変わりありませんが、一次性質は、物体の側にも実在する性質であるため、その観念は客観的です。それに対して、二次性質は感覚器官を通じた観念なので、主観的なも

のにすぎません。

このように、数学で処理できるような性質を、物体そのものに内属させることで、ロックは客観的な知識が成立する道筋を確保しようとしたわけです。

知覚されなければ事物は存在しない!?

この区分に異を唱えたのが、ロックよりも半世紀ほど後に生まれた、ジョージ・バークリー(一六八五〜一七五三)でした。バークリーはアイルランド出身の聖職者で、アイルランド国教会の主教を務めています。

バークリーは、一次性質と二次性質という区分を否定します。彼によれば、視覚であれ触覚であれ、経験は人によって違う以上、形や大きさ、量といった数学的性質は物体にも客観的に備わっているというロックの考え方は誤っている、というのです。

ここでバークリーは「**存在するとは知覚されることである**」という驚くべきテーゼを提出します。真っ暗闇では、人間には何も見えません。たとえ、何メートルか離れて机があったとしても、人間がそれを知覚しなければ、机は存在しない。すなわち、知覚から離れて事物は存在しないのだ、とバークリーはいうわけです。

いくらなんでも、それは極論だろうと考えるのがふつうでしょう。バークリーの考えに従えば、誰も知覚しない木は、観念にならないので、存在しないことになってしまいます。

彼はこの難局をどう切り抜けたのか。切り札は、神でした。たとえ誰も見ていない木でも、神の心にはあらゆる観念が宿っている。つまり神はつねにその木を見ているので、人が見ていない木でも、**神の観念としては**存在するというのです。

ヒュームの問い――何が人間に物体の存在を信じさせているのか

経験論は、その言葉から感じるニュアンスに反して、純度が高まるほど、観念論的になっていきます。経験を知識の基盤とする以上、事物が客観的に実在することを論証することができないからです。

ロックは、物体の存在を認める点ではデカルト寄りです。それが非物質主義者のバークリーになるとすべては観念となりますが、大事な急所では神に助けを求めました。

スコットランドの哲学者デイヴィド・ヒューム（一七一一～七六）は、二人の経験論をさらに推し進めた考え方を提出しました。

彼が二八歳のときに出版された『人性論』は、当時は鳴かず飛ばずでしたが、西洋哲学史のなかでは極めて重要な意義を担っています。

ヒュームの議論は、「私が見ているコップ（主観）」と、「本当のコップ（客観）」が一致することを懐疑します。「本当のコップの存在」なんて確かめようがない。経験論者のヒュームにとって、現実に確かめられないものの存在は認められない。ここまでは、バークリーと共通です。

では、バークリーと異なるのはどこか。ヒュームの哲学を雄弁に語る一節を紹介しましょう。

いかなる原因がわれわれに物体の存在を信じさせるようにするのか、と問うのはかまわないが、しかし、物体があるのかないのか、と問うのは無益なことである。（『人性論』土岐邦夫訳、『世界の名著32 ロック ヒューム』中公バックス、四六一頁）

物体があるかどうかと問うのは悪手《あくしゅ》であり、何が人間に物体の存在を信じさせているのか、と問わなくてはならない。ヒュームはこのように問いを転換するのです。

では、この問いにヒュームはどう答えたか。ヒュームの鍵概念は「**習慣**」です。たとえば、いま見えているコップは、一秒後に消えたりはしない。五秒後も一〇秒後も、ずっと見えている。「ずっと見えている」ことが原因となって、人はコップの存在を信じる、というのがヒュームの考え方です。

この議論はバークリーの弱点をうまくかわしています。バークリーの説明では、神をもち出さないかぎり、誰も見ていない机やコップは存在しないことになってしまう。ヒュームであれば、人間は、習慣的にコップの存在を信じるようになるので、知覚されないからといってコップの存在が疑われることにはなりません。

因果関係なんて思い込みにすぎない

こうした、習慣によって知識の形成を説明するヒューム哲学の真骨頂は、**「原因と結果の結びつき」**（因果論）を論じるところによくあらわれています。

たとえば、皿を床に落として割れてしまった場合、人間は「皿を落とした」ことが原因となって、「皿が割れた」という結果を引き起こした、と理解します。ここに原因と結果の関係があることは明らかです。

しかしヒュームによれば、その因果関係は明らかでありません。経験しているのは、「皿を落とした」「皿が割れた」という二つの出来事だけです。**その間にある「原因と結果の結びつき」じたいは、経験していないのだから、因果関係が明らかだとはいえない**。

この発想は、非常に斬新《ざんしん》です。当時は、自然科学が急激に進化していた時代でした。自然科学は、普遍的な法則を追求します。普遍的な法則とは、いってみれば、「原因と結果の関係が常に成立すること」に等しい。たとえば、重力の法則とは、「物体は地面に向かってつねに落ちる」ことを定式化したものだといえます。

ではなぜ、人間は原因と結果という関係で、物事を理解するのでしょうか。これもヒュームによれば、習慣に帰着します。皿を落として割った経験が何度か重なると、「皿を落としたから割れた」というふうに、原因と結果で理解するようになるというのです。

したがって、あらゆる因果関係も、真理とはいえず、**「確からしさ」だけがある**ということになります。ヒュームにあっては、人間の精神でさえ、蓋然《がいぜん》的な存在にすぎません。「人間とは、思いもつかぬ速さでつぎつぎと継起し、たえず変化し、動き続けるさまざまな知覚の束あるいは集合にほかならぬ」（同前、四七一頁）という言葉が示すように、ヒュームにとっては、精神すらも実体ではなく、知覚という経験の集合にすぎないのです。

このようにヒュームは、**経験論を徹底的に推し進め、精神、物体、因果の実在を否定し**

「皿を落とせば割れる」という因果関係は、
習慣による思い込み？

ました。ただし、だからといってヒュームは自然科学の営みを無益と考えたわけではありません。逆にヒュームの意図は、経験的な知識への信頼を示すことにありました。絶対的な真理はない以上、人間が扱えるのは経験的な知識だけです。ならば観察や実験を通じて得られる蓋然的な理論や知識を信頼するほかありません。

なお、ここでは触れることはできませんが、ヒュームは情念や道徳に関しても、後世に重要な示唆を与える議論を展開しています。たとえば「理性は情念の奴隷である」という感情優位の道徳論は、現代の道徳心理学を先取りするものでした。ヒュームの哲学はいまなお、アクチュアルな問題意識とともに解釈され続けているのです。

解答と解説

ここまでの解説を読めば、アがバークリー、イがロック、ウがヒュームの思想を説明していることは明らかでしょう。ベーコンは引っ掛け。答えは❼です。本節の復習にもなるので、あらためて設問にある三つの文章をよく読んでみてください。

2 - 5

「定言命法」って何だ？　カントの認識論と道徳論

「大陸合理論」「イギリス経験論」に続いて、本節では「有名どころ」が登場します。カントです。カントの道徳論には「**定言命法**」という有名な道徳原則がありますが、次に引用する問題は、具体的な事例を通じて、この定言命法を理解しているかどうかを問うもの。哲学の抽象的な概念を咀嚼《そしゃく》するためには、この問題のように具体的な事例を考えてみることが役に立ちます。本節を読み終えたあとは、ぜひ自分自身でも定言命法の例を考えてみてください。

問13　カントは、人格は何よりも尊重すべきものであるという考えを定言命法の形で次のように表現した。この命法の理解として最も適当なものを、❶～❹のうちから一つ選べ。

汝《なんじ》の人格および他のあらゆる人の人格のうちにある人間性を、いつも同時に目的として扱い、決して単に手段としてのみ扱わないように行為せよ。（カント『道徳形而上学原論』）

❶子どものいるにぎやかな家庭を築こうとして結婚することは、夫は妻を、妻は夫を出産の手段と見なすことにつながる。互いを尊重し合っていたとしても、こうした意図による結婚は決してすべきではない。

❷ボランティア活動であっても、有名人による施設訪問には、施設の子どもや老人を自己宣伝の手段にするという側面がある。子どもや老人を大切にする姿勢が伴っていなければ、そうした訪問活動は決して行うべきではない。

❸参考書を買うためであっても、親にお金をねだるのは、親を目的のための手段とすることにほかならないから、決してしてはいけない。アルバイトをしてお金を貯《た》め、必要なものは自分で購入すべきである。

❹将来の就職を考えて大学を受験するのは、自分や家族の利益のために自分自身を手

段として利用する行為だと言える。自分の教養を高めるという純粋な動機にのみ基づくのでなければ、決して大学に行くべきではない。

（二〇〇三年・センター追試験　第2問・問5）

ヒュームの一撃

イマヌエル・カント（一七二四～一八〇四）は、東プロイセンの首都ケーニヒスベルク（現ロシア領カリーニングラード）に生まれました。当時のドイツはヨーロッパの後進地域で、国として統一されていません。隣国のフランスでは、啓蒙思想が席巻し、カントの晩年にはフランス革命が起こります。カントはそんなヨーロッパの激動期を生きた哲学者です。

前節で見たように、イギリス経験論の完成者とされるヒュームは、自然科学の土台となる原因と結果の概念すら、経験の繰り返しから生じた信念にすぎないと考えました。

カントは、このヒュームの哲学によって「独断のまどろみ」から覚まされたと著書『プロレゴーメナ』のなかで述べています。つまりカント自身も、無批判に原因と結果という概念を自明視していたのでしょう。

しかし、ヒュームの哲学を認めてしまったら、科学の客観性が危うくなります。ヒュームにかかれば、自然科学の土台となる原因や結果の概念が客観的な知識といえなくなってしまうからです。

むろんだからといって、大陸合理論のように、世界や自然が数学的な秩序として実在していることを前提とするわけにはいきません。それこそ「独断」です。

そこでカントはあらためて、『純粋理性批判』のなかで、**人間が事物を認識する仕組みを問い直した**のです。

「認識のサングラス」の効用

カントは『純粋理性批判』の序論で「わたしたちのすべての認識が経験とともに始まるとしても、すべての認識が経験から生まれるわけではない」と述べています。

いったいこれはどういうことでしょうか。

自分のまわりをぐるっと見渡してみてください。机やイス、カバン、書棚に並べられた本、パソコンにスマホなど、じつにさまざまな物が目に入ってきます。もしも私たちの認識がカメラのようであれば、瞬間ごとにシャッターを切り、大量の写真を撮影することになります。

しかし、バラバラの写真が大量にあるだけでは認識は成立しません。たとえば、目の前にあるパソコンと、背後にある電話が同じ空間にあることは、写真だけではわからない。また、パソコンを見て、次に後ろを振り返った、という時間的な順序もわかりません。ですから、経験によって外界のデータが入ってくるだけでは、認識は成立しないのです。

カントは、**これらのデータは、人間が先天的**（ア・プリオリ）**に備えている認識の枠組みを通じて処理されると**考えました。この認識の枠組みには、**「感性の形式」**と**「悟性《ごせい》のカテゴリー」**という二種類があります。

「感性の形式」とは、物事を時間と空間という形式で捉える枠組みのことです。カントのいう感性とは、視覚や聴覚のような五感のことだとお考えください。**人間はまず、外界の生《ナマ》のデータを、感性を通じて、時間と空間という枠組み**（形式）**で処理**します。

しかし、時間と空間の枠組みで整序するだけでは、データを理解することはできません。たとえばリンゴを時間と空間で捉えても、そのリンゴが皿とは切り離された「一つ」のリンゴであることまでは、理解できないということです。

そこで、悟性の出番です。悟性とは、**事物を概念的に理解する能力**のことをいいます。五感を通じて時間と空間によって秩序づけられた素材データは、続けて、**悟性が備えてい**

るさまざまな概念のカテゴリー（量や質、原因と結果の関係）に従って整理されていくことになるのです。

カントはこのような認識の仕組みを「認識が対象に従うのではなく、対象が認識に従う」と表現するとともに、この発見を、天動説から地動説へと理論を転換させたコペルニクスにちなんで、自らコペルニクス的転回と評しました。人間の認識は、自然のさまざまな事物の姿を受動的に取り込むのではなく、逆に、人間の認識の枠組みが、自然の事物を秩序だてて理解しているということです。

たとえていえば、人間は同じような認識能力をもつサングラスをかけて、世界を認識している。であれば「サングラスで見えている世界」という条件のもとでは、客観的な知識は成立します。人間はみな同じサングラスをかけているので、対象を同じように客観的に把握できるというわけです。

こうして、カント哲学はイギリス経験論が導いてしまう「世界の不確実性」から、確実な知識を救い出したのです。

認識の仕組み

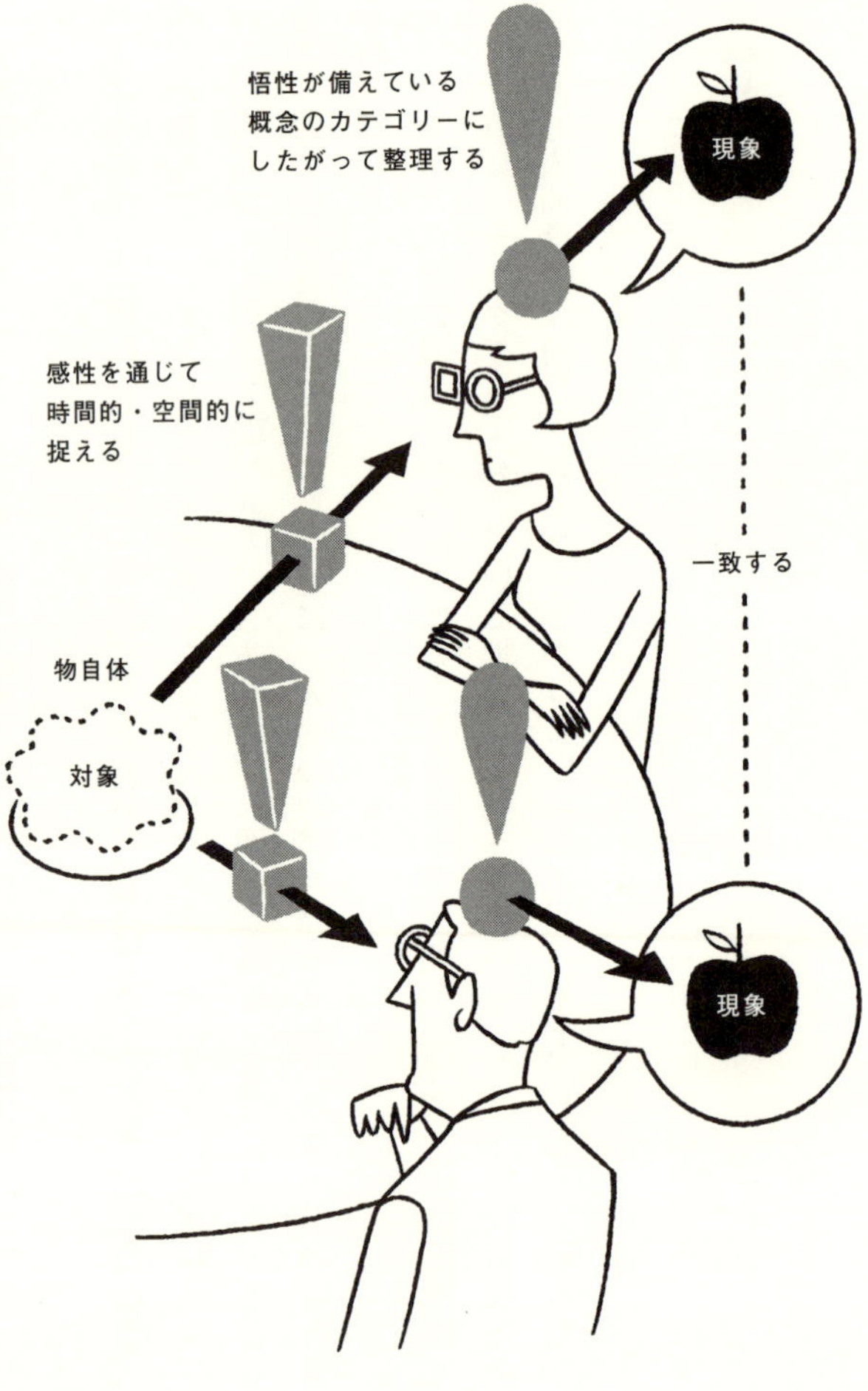
悟性が備えている
概念のカテゴリーに
したがって整理する
現象
感性を通じて
時間的・空間的に
捉える
一致する
物自体
対象
現象

認識と理性の限界を画定する

しかし、私たちの認識の枠組みを通じて現れているリンゴは、リンゴそのものではない。カントは、認識の枠組みを通じて把握されたリンゴを「**現象**」といい、リンゴそのものを「**物自体**」と呼びます。

現象の世界では、人間の客観的な知識は成立します。でも人間は、リンゴそのものという物自体（真実の世界）を認識することはできない。このようにしてカントは、認識の条件を明らかにすることで、認識能力の限界を画定したのです。

と同時に、カントは理性の能力にもブレーキをかけました。ここでいう理性とは、神の存在や宇宙の始まり、人間の自由など、経験を超えるような真理を論理的に求めようとする能力のことです。

結論だけをいえば、カントは、神が存在するかどうかといった形而上学的な問題に、理性は答えを出せないと考えました。人間の純粋な理性は、神や魂、宇宙など、経験の彼方《かなた》にある世界を知りたがってしまう。しかし、人間の理性ではそれを論証することはできません。『純粋理性批判』という書名は、**理性の機能を吟味し、その限界を画定すること**が含意されているのです。

定言命法の例

カントは、「人間は何をなすべきか」という倫理学に関しても、重要な議論を展開しています。ここでは設問になっている**「定言命法」**に絞って解説しましょう。

定言命法の反対語は仮言命法です。**仮言命法**とは、「〜ならば、〜せよ」という条件つきの命令のこと。たとえば、「お小遣いが欲しいならば、勉強せよ」というのは仮言命法です。それに対して定言命法は、**無条件に「〜せよ」と命令すること**を指します。

カントによれば、道徳的に善い行為とは、次のような定言命法に従うこと。定言命法にはいくつかバージョンがあるのですが、二つのバージョンを紹介しましょう。

①汝の意志の格率《かくりつ》が、常に同時に普遍的な法則として妥当しうるように行為せよ。（『実践理性批判』）

②汝の人格および他のあらゆる人の人格のうちにある人間性を、いつも同時に目的として扱い、決して単に手段としてのみ扱わないように行為せよ。（『道徳形而上学原論』）

①の「**格率**」とは、自分で定めた行動原則のことです。したがって①は、自分の行動原則が、誰にとってもなすべき行動規範となるように行動せよ、という意味になります。

②は、難しい言い方をしていますが、言っていることはシンプルです。要するに、他人を手段としてのみ扱ってはいけない、ということです。

たとえば、友人に勉強を教える場合を考えてみましょう。このとき、自分の頭のよさを示すためだけに勉強を教えるとすれば、それは友人を手段としてのみ扱っていることになる。そうではなく、友人の「理解したい」という気持ちに敬意を示し、二人がともに善く生きるために勉強を教えなくてはいけない、とカントはいうのです。

カントにとっての自由

これらの定言命法からわかるように、カントは、いくら外見上は道徳的な行為に見えても、そこに善をなそうという意志が伴わなければ、道徳的な行為とは見なせない、と考えます。

ここには、カントの自由観がよく表れています。カントにとって、人間の自由とは、好き勝手なことをすることではありません。欲望に従って快楽を求めるような生き方は、自然の生理に支配されているという意味で、自由とはいえないからです。

では、カントの考える自由とはどのようなものでしょうか。それは、**自然の生理に服することなく、自ら決めたことをなすことができる自由**です。したがって、カントにとっては意志というものが非常に重要な意味を持ちます。

先の定言命法も、無条件に義務に従おうとするからこそ自由なのです。たとえば、自分も親切にされたいから友だちにも親切にするのは、カントにとっては道徳的ではありません。特定の条件や目的のためにおこなう行動は、自由な行為とはいえないからです。

定言命法とは、実践理性（なすべきことを判断する理性）の命令です。したがって、友だちが自分に親切にしようがしまいが、無条件に友だちに親切にすることが、カントのいう善意志をともなった道徳的行為なのです。

人間の自由は、自然法則を超えて、実践理性の命令に従い、自律的に善をおこなうことができる点にある。先述したように、人間の認識能力は、自然を法則的に理解するようにできていますが、同時に、物自体（真理の世界）は、認識することも論証することもできないところに理性の限界がありました。

でも、人間の行動は違います。人間は自然法則に服することなく、自由意志にもとづき善をなすことができる。そこにカントは人間の尊厳を見ているのです。

解答と解説

この問題は、「引っ掛け」の選択肢に注意することが必要です。カントの定言命法は、自分や他人を「単に手段としてのみ扱わないように行為せよ」と言っているのであって、手段の要素を一切禁じるものではありません。この点に注意して選択肢を見ていくと、❶は「互いを尊重し合って」いるのですから、定言命法から逸脱していません。したがって「こうした意図による結婚は決してすべきではない」とはいえないので誤り。❷はまさに、ボランティア活動を自己宣伝の手段のためだけにおこなってはいけないという趣旨なので、定言命法にあてはまります。❸は親にお金にねだることに手段の側面があっても、そこに親への敬意や感謝があるならば、定言命法の範《はん》疇《ちゅう》に入ります。ですから、「決してしてはいけない」とはいえないので誤りです。❹も、手段として行動することを一切禁じたものとして解釈している点が誤り。したがって正解は❷です。

2-6

理想の共同体はいかに生まれるのか？ ヘーゲルの歴史観

次に引用する問題は、ゲオルク・ヘーゲル（一七七〇〜一八三一）が唱えた重要な概念である「**人倫**《じんりん》」について問うものです。この概念は、法や道徳を論じた『法の哲学』という著作のなかに登場しました。本節ではこの問題を導きに、ヘーゲル哲学の特徴である**弁証法**をふまえて、人倫について見ていきましょう。

問14 **人倫という概念で道徳を捉え直した思想家にヘーゲルがいる。ヘーゲルの人倫についての説明として最も適当なものを、次の❶〜❹のうちから一つ選べ。**

❶欲望の体系である市民社会のもとでは、自立した個人が自己の利益を自由に追求する経済活動が営まれるなかで、内面的な道徳も育まれるために、人倫の完成がもた

らされる。

❷人間にとって客観的で外面的な規範である法と、主観的で内面的な規範である道徳は、対立する段階を経て、最終的には、法と道徳を共に活かす人倫のうちに総合される。

❸国家によって定められる法は、人間の内面的な道徳と対立し、自立した個人の自由を妨げるものなので、国家のもとで人々が法の秩序に従うときには、人倫の喪失態が生じる。

❹夫婦や親子など、自然な愛情によって結び付いた関係である家族のもとでは、国家や法の秩序のもとで失われた個人の自由と道徳が回復され、人倫の完成がもたらされる。

（二〇一八年・センター本試験　第4問・問1）

ドイツ観念論の登場

カント以降、ゴットリープ・フィヒテ（一七六二～一八一四）、フリードリヒ・シェリング（一七七五～一八五四）、ヘーゲルらを中心に一九世紀半ば頃まで展開されたドイツの哲学は、一般に**「ドイツ観念論」**と呼ばれています。ただ、この時期のドイツの哲学を「観念論」とひと括りにしてしまうことには多くの異論が提出されています。が、ここでは一般的な理解に従い、**自我や精神など、観念的なものから世界を説明していく傾向の強い哲学**としてドイツ観念論を捉えておくことにします。

デカルトやロックが切り拓いた近代哲学では「人間の知性はどこまで対象を認識するのか」という認識論が、議論の主戦場となりました。そして、前節で取りあげたカントの哲学は、人間の知性が明らかにできるのは経験的な世界（現象界）までであり、神の存在や宇宙の有限性、魂の不滅など、経験を超えた「物自体」の世界を、人間は論理的に解き明かすことはできないことを論証しました。

しかしドイツ観念論の哲学者たちによって、**「現象界」と「物自体」という区分に疑問が投げかけられ、両者の線引きを打ち消そうとする哲学**が次々と現れました。その完成形と位置づけられるのがヘーゲルの哲学なのです。

ヘーゲルが描いた精神の成長物語

ヘーゲルの哲学では、**「精神（ガイスト）」**という概念が特別に重要な意味をもっています。

というのも、精神は、単に事物を認識するだけではなく、自分自身を反省する能力もともなうからです。たとえば食事をしているとき、私たちは夢中になって食べることもあるけれど、「食事をしている自分」を考えることもできる。「いまの食べ方、ちょっと下品だったかな」と、反省することもあるでしょう。つまり、対象に没入するだけでなく、**行為そのものを振り返るような反省的な意識**をもつことができるのです。

ヘーゲルの主著『精神現象学』は、このような反省的な思考を糧《かて》として、**精神が、意識→自己意識→理性へと成長していくプロセス**を描いていくものです。その点では、『精神現象学』は、精神を主人公とする成長小説のように読むことができる作品です。

ヘーゲルの描く精神の成長プロセスは、カントの哲学と比較するとよくわかるでしょう。カントの場合、人間が自然の法則を理解できるのは、人間の側にあらかじめ、自然を法則的に理解する認識の枠組みが備わっているからでした。いわば人間はみな、自然科学のサングラスをつけている。逆にいえば、このサングラスは外すことはできないので、自然そのものの姿を認識することはできません。

それに対してヘーゲルが描く精神の成長とは、**サングラスの能力が拡大していくこと**を意味します。たとえば、素人が見るリンゴと、農家が見るリンゴでは、明らかに農家のほうが一つのリンゴから多くのことを知ることができるでしょう。ということは、精神が成長することは、対象（リンゴ）がその姿を変えていくことでもあるのです。

しかもその対象は、物理的な自然に限定されません。自分というものの存在、他者との人間関係や社会制度、文化、宗教など、世界のありとあらゆる事象が、精神（サングラス）の成長とともに理解されていく。したがって、**私の精神が成長して、世界のことを多く知れば知るほど、世界の側も新たな表情を帯びていくことになる**わけです。

世界史とは自由が拡大していくプロセスである

ヘーゲル哲学の特徴は、こうした精神の成長を、**歴史の発展として**描き出す点にもあります。

ヘーゲルによれば、精神の本質は自由であり、「世界史とは自由の概念の発展にほかならない」（『歴史哲学講義（下）』長谷川宏訳、岩波文庫、三七三頁）。たとえば古代の東洋では、専制君主ひとりだけが自由だったのに対して、古代ギリシャでは少数の市民が自由を享受《きょうじゅ》するようになりました。さらに近代社会になると、身分制は崩壊し、万人に自由が保障されるようになります。

こうした自由が拡大していく歴史を、ヘーゲルは**「世界精神」**という概念で語っていきます。世界精神とは、歴史を通じて現れる精神のことです。このように言うと、なにやらオカルトめいた話に聞こえるかもしれませんが、私たちも、ヘーゲルと同じような意味で精神という言葉をよく使っています。たとえば、「トヨタの精神」「二〇世紀の精神」「古代ギリシャの精神」というふうに、精神は集団や時代に宿るものでもあるのです。それを歴史全体に拡大したものが世界精神にほかなりません。

一八〇六年に、ヘーゲルはドイツに侵入するナポレオンを目撃し、「今日ぼくは、馬上の世界精神を見た!」と手紙で綴《つづ》っています。世界精神は、それぞれの時代において、有名無名の人々の行為を通じて自らの本質である自由を実現していくのです。

ヘーゲルの代名詞「弁証法」

では、精神はどのような仕組みで成長するのでしょうか。それを説明するのが、ヘーゲルの代名詞ともいえる**「弁証法」**です。

ヘーゲルの弁証法は、一般的には**「正‐反‐合」**と説明されます。ある主張(正)に対して、それに反する主張(反)が対置され、その両者を高い次元で統合する(合)ことが弁証法です。そして、この「合」の部分（矛盾を統合すること）を「アウフヘーベン（止揚《しよう》）」と呼びます。

ヘーゲルは、植物の成長を例にとって、弁証法のイメージを次のように描き出しました。

> つぼみは、花が咲くと消えてしまう。そこで、つぼみは花によって否定されると言うこともできよう。同じように、果実によって花は植物の偽なる定在と宣告され、その結果植物の真として果実が花に代って登場することになる。（『精神現象学（上）』樫山欽四郎訳、平凡社ライブラリー、一八頁）

つぼみ（正）は、つぼみであることを否定されて（反）、花になる（合）。同様に花（正）もまた、花であることを否定されて（反）、果実になる（合）。この例が示すように、弁証法で重要なポイントは、あらゆる事物は、**否定を原動力として発展していく**ということにあります。

精神の成長も同じです。単に、リンゴや赤色ということを知らない幼児は、リンゴを見ても、「ものがある」としか思いません。その段階から、「赤いリンゴがある」と知覚できるようになるためには、「ものがある」という素朴な感覚を否定しなければならないのです。

人倫とは「理想の共同体」

弁証法の具体例として、ヘーゲルの「人倫」（倫理）に関する議論を見てみましょう。

ヘーゲルにとって、世界史とは世界精神が自由を実現していくプロセスのことでした。したがってヘーゲルは、**社会のなかに自由を根づかせる制度や組織がなければならないと**考えます。この点は、もっぱら自由を個人の内面の問題と捉えるカントとは対照的です。

実際、ヘーゲルは『法の哲学』のなかで、「法の体系は、実現された自由の王国であり、精神自身から生み出された、第二の自然としての、精神の世界である」（『法の哲学Ⅰ』藤野渉・赤沢正敏訳、中公クラシックス、六五頁）と述べています。つまり、**ヘーゲルにとっての法とは、自由を求める人間の精神が生み出した制度にほかなりません。**そして『法の哲学』では、法もまた弁証法的に展開していきます。

法はまず、外面的な法という形式で現れます。客観的な法は、人間の自由な行動を保障しますが、法があるからといって、人間の自由が社会的な善と結びつくわけではありません。

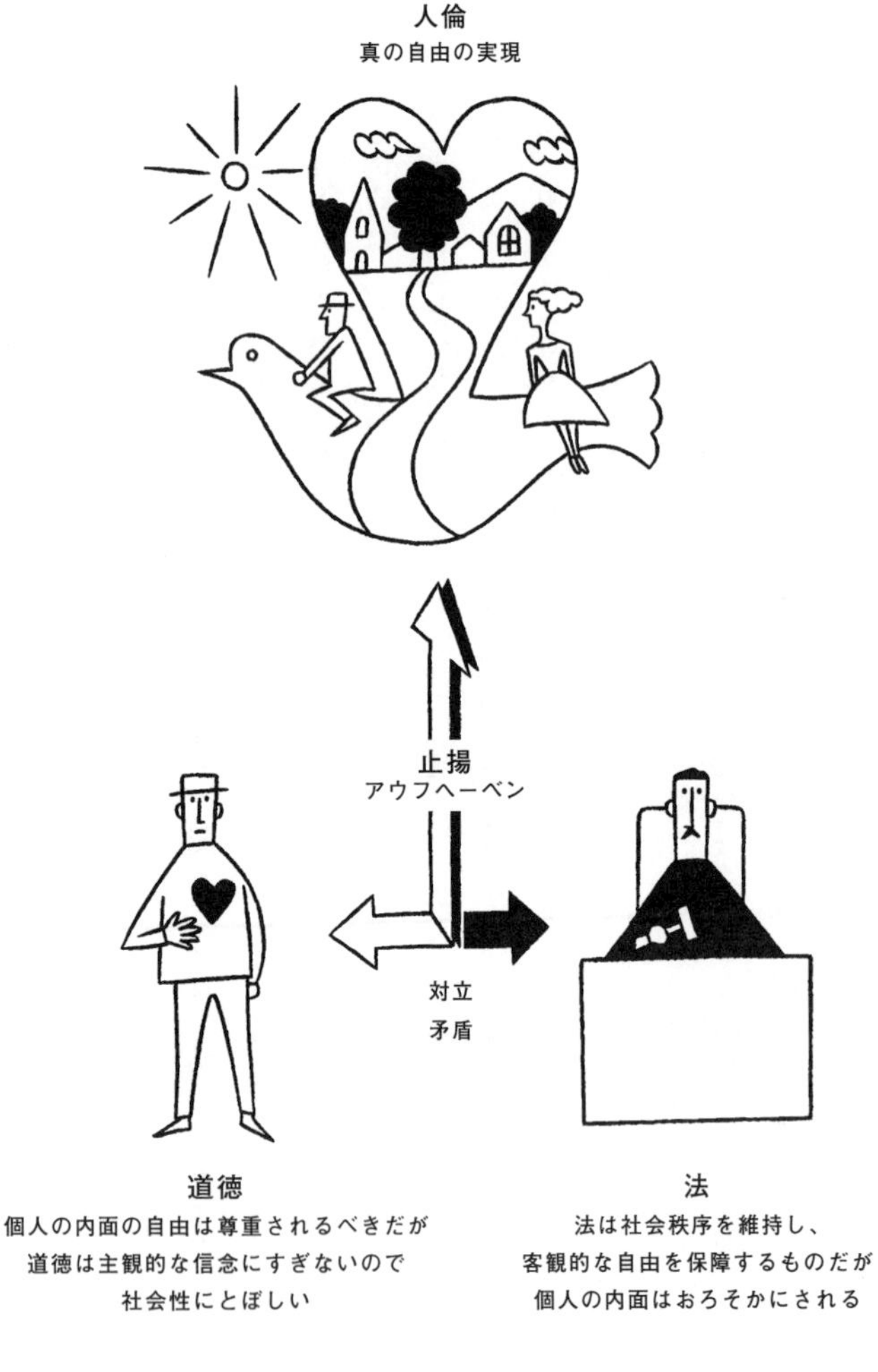
人倫
真の自由の実現
止揚
アウフヘーベン
対立
矛盾
道徳
個人の内面の自由は尊重されるべきだが
道徳は主観的な信念にすぎないので
社会性にとぼしい
法
法は社会秩序を維持し、
客観的な自由を保障するものだが
個人の内面はおろそかにされる

そこで、精神は外面的な法を否定して、内面的な道徳律に目を向けます。その典型は、前節で解説したカントの定言命法です。わかりやすくいえば、社会的な問題は視野の外におき、もっぱら自分が道徳的に生きればよい、と考えるわけです。

客観的な法と、それを否定する主観的な道徳――。この両者が弁証法的に統合されたあり方を、ヘーゲルは「人倫」と呼びました。人倫とは、個人の内面である道徳と、社会全体の秩序をつくる法が矛盾なく共存する共同体であり、いわば、さまざまな人間が相互に自由を承認し合うような場のことです。

家族・市民社会・国家

では、人倫とは具体的にどのような場でしょうか。

ヘーゲルによれば、人倫は、「家族」→「市民社会」→「国家」と、弁証法的に展開するといいます。

「**家族**」とは、愛という自然な感情で結ばれた共同体です。ヘーゲルは、「愛とは総じて私と他者とが一体であるという意識である」といいます。この一体的な共同体のなかで、その成員は互いの人格を重んじ合う。家族という共同体では、外面的なルールと内面的な道徳感情は明確に分かれることなく一体化しています。

しかし家族は、前近代的な人倫の姿であり、近代社会に入ると、家族という共同体の原理は否定され、**「市民社会」**へと移行していきます。というのも、家族の原理のままでは、個人が独立して自らの自由を追求することができないからです。

市民社会の原理は「欲求の体系」です。市民社会では、個々の人間は、自分の欲求を満たすことを目的に活動します。しかし、自給自足の生活には戻れないため、個々人は他者に依存しなければ、自己の欲求を満たすことはできません。

たとえば、野菜が食べたければ、野菜を育てる農家、野菜を売る八百屋さんやスーパーで働く人々に助けを借りなければなりません。このような経済的な関係が成立するためには、法の整備も必要となります。したがって市民社会では、経済活動を通じて、所有権の保護といったルールが整備され、人々が相互に結びついていくのです。

しかし、個人の自由な競争を旨とする市民社会のなかでは、必然的に貧富の差が生じてしまいます。ヘーゲルの言葉を見てみましょう。

市民社会はこうした対立的諸関係とその縺《もつ》れ合いにおいて、放埒《ほうらつ》な享楽と悲惨な貧困との光景を示すとともに、このいずれにも共通の肉体的かつ倫理的な頽廃《たいはい》の光景を示す。(『法の哲学II』藤野渉・赤沢正敏訳、中公クラシックス、九五頁)

市民社会では、家族のなかにあった人格的な結びつきは失われてしまう。人格的な結びつきを失って、倫理的に頽廃を示す市民社会のことを、ヘーゲルは「人倫の喪失態」と呼んでいます。

貧困をはじめさまざまな社会問題を抱える市民社会では、福祉行政や職業団体などが、個人の利益を管理して、貧しい人々に対して経済的救済に乗り出す必要が生まれます。その役割を担うのは**「国家」**でしょう。つまり、「欲求の体系」を原理とする市民社会は、自らのうちに、国家へと展開する契機を孕《はら》んでいるのです。

ただし、ヘーゲルが理想とする理性国家は、ルールにもとづき、福祉をおこなうだけでは不十分です。理性国家のもとでは、国民は、法によって家族のごとく結ばれていなければなりません。すなわち、市民社会的な個人の自立性と、家族がもつ一体性とが止揚された場が理性国家であり、こうした国家のあり方をヘーゲルは**「人倫の最高形態」**と呼んでいます。ヘーゲルによれば、こうした国家という段階ではじめて、真の自由が実現することになります。
　なお、ここでイメージされている国家とは、啓蒙的改革が進む当時のプロイセンのことです。若き日のヘーゲルが世界精神を看取したナポレオンは程なく失脚し、一九世紀前半は保守反動的なウィーン体制がヨーロッパを支配します。当時のドイツでは、ウィーン体制に対して、自由主義的な改革とドイツ統一を求める運動が繰り広げられました。こういった状況のなかで、ヘーゲルは自らの理念をプロイセン王国に託したのです。

解答と解説

　ここまで解説したように、「人倫」とは、外面的な法と内面的な道徳とが止揚されたものです。このことを理解していれば、正解は❷とわかるでしょう。❶は「欲望の体系である市民社会のもと」で「人倫の完成がもたらされる」としている点が誤り。❸は、「国家のもとで……人倫の喪失態が生じる」が誤り。人倫の喪失態が生じるのは市民社会です。❹は、家族のもとで「人倫の完成がもたらされる」としている点が誤りです。

III ひねくれた哲学者たちが「当たり前のこと」を疑いはじめた

——近代批判の哲学

Ⅲ章関連年表

年代	主な出来事	主な哲学者
		キルケゴール（1813～55）
1823	モンロー宣言	マルクス（1818～83）
		パース（1839～1914）
		ジェイムズ（1842～1910）
1848	フランス、二月革命	ニーチェ（1844～1900）
1853～56	クリミア戦争	ソシュール（1857～1913）
		デューイ（1859～1952）
1861～65	南北戦争	フッサール（1859～1938）
1871	ドイツ帝国成立	ヤスパース（1883～1969）
		ハイデガー（1889～1976）
		ウィトゲンシュタイン（1889～1951）
		サルトル（1905～80）
1914～18	第一次世界大戦	
1917	ロシア革命	
1922	ソヴィエト社会主義共和国連邦樹立	フーコー（1926～84）
		ドゥルーズ（1925～95）
		ハーバーマス（1929～）
1939～45	第二次世界大戦	デリダ（1930～2004）
1945	国際連合成立	
1962	キューバ危機	
1968	フランス、五月革命	

本章では、ヘーゲルに代表される近代哲学に反旗を翻《ひるがえ》した哲学者たちをスケッチしていきます。それはまた**「近代批判の思想」**と括ることもできるでしょう。近代においては「当たり前」と自明視されていたことに、多くの哲学者たちが疑問をつきつけたのです。

一九世紀は欧米で産業化や大衆化が進展していく時代です。それにともなって、資本主義がもたらす貧富の差や工場での過酷な労働環境、画一的な価値観に従う匿名《とくめい》的な大衆の出現など、社会のなかにさまざまな歪《ゆが》みが生じるようになってきた。こういった状況は、自由の発展として歴史を捉えたヘーゲル哲学への懐疑も生み出していきます。

一八一〇年代生まれの同世代であるキルケゴールとマルクスは、いずれも青年期にヘーゲル哲学に感染した点で共通しています。そして二人とも、ヘーゲルに対する批判を通じて、独自の思想を紡《つむ》いでいきました。

しかし、両者の思想は非常に対照的です。キルケゴールは徹頭徹尾、個別的な「私」の実存にこだわり、実存主義の先駆となるのに対して（3‐5参照）、マルクスは資本の生成と運動を解明し、その果てに共産主義社会を構想した（3‐1参照）。いわばキルケゴールは**個として生きる思想**であり、マルクスは**社会変革のための思想**を提出したわけです。

さらに、キルケゴールを出発点とする**実存主義**は、二〇世紀に入りサルトルによって世界的な流行思想となり（3－5参照）、マルクスの思想は**マルクス主義**という名のもとで、人文科学や社会科学を基礎づけるグランドセオリーとして受容されていきました。二〇世紀前半という時代、マルクス主義と実存主義はピカピカの現代思想だったのです。

さて、マルクス、キルケゴールより三〇歳ほど年下のニーチェは、近代哲学どころか、ソクラテス－プラトン以来の西洋形而上学を徹底的に批判し、**「神の死」**そして真理の死を宣告します。その後に訪れるのがニヒリズムであり、ニヒリズム克服のためにニーチェは、意味喪失の世界をあえて引き受ける**「超人」の思想**を唱えました（3－2参照）。

一方アメリカでは、ニーチェとほぼ同世代のパースやジェイムズを嚆矢として、**プラグマティズムの思想**が誕生します。プラグマティズムは、思弁的な形而上学に異を唱え、知識や信念がもたらす効果や結果から真理を導くことを主張します。ニーチェのように、真理を破壊するのではなく、民主主義や資本主義の発展をうながすように、真理という概念を改造する。実験精神や開拓者精神に富むアメリカならではの思想といえるでしょう（3－3参照）。

二〇世紀を代表する哲学者の双璧をなすハイデガーとウィトゲンシュタインは、近代哲学の構図を根本的に変更しました。

キルケゴールやニーチェから大きな影響を受けたハイデガーは、近代哲学が視野から外してきた「存在」そのものの意味を問う**存在論**こそ、哲学の根本的な課題であると捉えました。近代批判という文脈では、科学技術批判が重要です。彼は、現代の科学技術が、人間や自然を生産に向けて駆り立てる巨大なシステムと化していることを批判します。それは存在の意味を隠蔽《いんぺい》することになるからです（3-4参照）。

ウィトゲンシュタインは、英米圏で主流となっていく**分析哲学**の形成に決定的な影響を与えた哲学者です。その哲学の内容は前期と後期で大きく異なりますが、どちらも**「言語」に焦点をあてている点**では共通しています。近代哲学が、理性や意識、精神といったものを中心に議論を展開したのに対して、ウィトゲンシュタインは言語を哲学の中心に据えたのです（3-6参照）。それは、本書では取りあげませんが、現代思想の重要な開拓者として位置づけられるソシュールの言語学とともに、二〇世紀の哲学の軸足を「言語」の方向へ大きく変えるものでした。

3-1

資本主義社会はなぜ批判されるのか？ マルクスの唯物史観

最初にご登場願うのは、マルクスです。引用する設問は、マルクスが資本主義社会をどのように批判したのかを問うもの。この問いを意識しながら、マルクスの思想を見ていきましょう。

問15 産業の高度な発達が西欧社会のうちに生み出した問題点を、マルクスはどのように批判したか。それを説明した記述として最も適当なものを、次の❶～❹のうちから一つ選べ。

❶労働は本来、人間が富を獲得するための方途であるが、資本主義社会を支える労働者たちは、自らの富の増大を目指して、他の労働者や資本家の利益を顧慮せず、際

限なく雇用条件の改善を要求して社会を混乱させている。

❷労働は本来、人間が生産する喜びを通じて精神を陶冶《とうや》する手段であるが、現実には生産性向上のための非人間的なシステムが重視される傾向にあり、その中で人々は仕事中毒症に陥っている。

❸労働は本来、人間にとって豊かで創造的な活動であるが、資本主義社会においては、労働が労働者から疎外されることによって、生産物のみならず、労働者自身までもが商品化されるという不幸が生まれている。

❹労働は本来、人間にとって苦痛以外の何ものでもないが、豊かな生活を実現するために、その苦痛に耐えなければならないという状況に陥った人々は、今や退廃的な消費生活に向かっている。

（一九九八年・センター本試験　第3問・問2）

思想を武器に世界を変えよう

カール・マルクス（一八一八～八三）が生きた一九世紀は、産業革命が欧米諸国に拡大し、資本主義経済が発展していく時期とぴったり重なっています。一八世紀半ばにいちはやく産業革命が起きた最先進国イギリスでは、機械設備による大工場が成立したことで、生産手段（人を雇うお金・土地・工場など）をもつ**資本家**（ブルジョワジー）と、生産手段をもたない**労働者**（プロレタリアート）という二つの階級が生まれます。資本家は、労働者に低賃金・長時間労働といった劣悪な労働条件を課し、労働者の貧困問題が顕在化していきました。こうした状況を背景に、資本主義を批判する社会主義という思想が誕生していきます。なかでも、圧倒的な影響力をもったのがマルクスの思想です。

文学少年だったマルクスは、青年期にヘーゲルの哲学と出会い、ヘーゲル哲学との格闘を通じて自らの思想をつくりあげていきました。強調しておかねばならないのは、マルクスにとって思想とは、世界を変革するための武器だったということです。「哲学者たちは世界をさまざまに解釈してきたにすぎない。しかし、重要なのは世界を変革することである」（「フォイエルバッハに関するテーゼ」）と述べているように、マルクスは学問的真理を探求するだけの哲学を批判し、**社会を変革する実践のための思想**を生み出していったのです。

歴史の主役は「物質的生活」

第Ⅱ章で説明したように、ヘーゲルは、精神が弁証法的に成長していくプロセスとして歴史を描き出しました。したがって歴史の主役は精神であり、精神はさまざまな矛盾を克服し、自由を拡大していくことになるわけです。

しかしマルクスは、世界が弁証法的に発展していくことには同意するものの、歴史の主役を精神だとは考えなかった。マルクスにとっての歴史の主役は、**物質的生活**です。

人類誕生以来、人間は宗教や思想、芸術など、精神的な営みを連綿と続けてきました。では、そういった精神的な活動を可能にしているものは何か。マルクスによれば、それは物質的な条件です。つまりマルクスは、精神が成長するから物質的に豊かになるのではなく、**物質的な生活や条件の変化が、精神的な営みの変化も生み出す**と考えたのです。このことをマルクスは「人間の意識が人間の存在を規定するのではない。逆に人間の社会的存在が人間の意識を規定する」（「経済学批判「序言」」木前利秋訳、『マルクス・コレクションⅢ』筑摩書房、二五八頁）と表現しています。

マルクスは、物質的、経済的、社会的な状況を**「下部構造」**や**「土台」**と呼び、政治、法律、宗教、道徳、芸術、哲学、科学といった精神的な営みを**「上部構造」**と呼んでいます。つまり、**「下部構造は上部構造を規定する」**とマルクスは考えるわけです。

上部構造と下部構造

上部構造

法律、政治制度などのものの考え方や、宗教や芸術などの文化。

精神的なもの

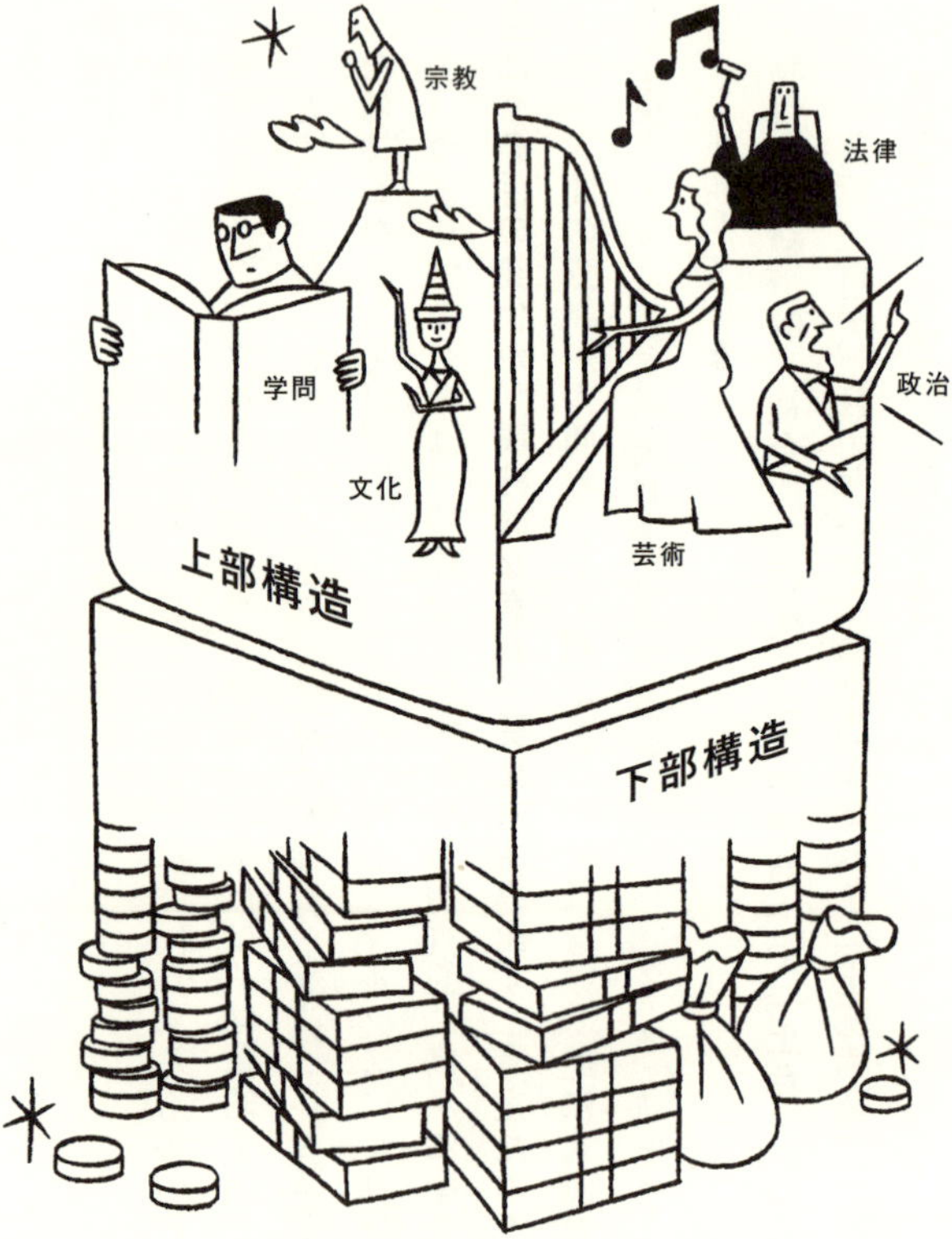

下部構造

各時代の生産関係による経済のしくみ。

物質的なもの

唯物史観とは何か

こうした考え方にもとづいた歴史観を**「唯物史観」**（**史的唯物論**）といいます。そして、唯物史観を理解するうえで重要になるのが「生産関係」と「生産力」という概念です。

生産関係とは、生産をおこなう際に人間が取り結ぶ社会的関係のことです。たとえば原始的な狩猟採集社会では、共同体の全員が労働していました。成員の間に上下関係はありません。それが古代の奴隷制社会になると、主人が奴隷を支配するという生産関係が取り結ばれます。以降、領主が農奴を支配する封建制社会、資本家が労働者を支配する資本制社会というかたちで、社会のあり方と生産関係は変化していくのです。

では、ある社会から別の社会へと変化するのはなぜなのか。マルクスによれば、それは「生産力が発展するから」です。たとえば封建制社会のなかで、農業技術のレベルが上がると、生産力も発展し生産物が余るようになります。この余った生産物は商品となって売り買いされ、貨幣経済や商品経済が浸透します。そうすると、身分的な社会では自由な経済活動ができないため、社会の中で自由を求める政治運動が起こる。その結果、封建制社会は崩壊して、資本制社会へと移行するわけです。

この例が示すように、生産力が発展すると、既存の生産関係では不具合が起きる。そこで**発展した生産力に見合うように、生産関係が変革され、新しい社会に発展していく**のです。これがマルクスの唱えた唯物史観です。唯物史観とは、ヘーゲルとは対照的な歴史観であることがおわかりいただけたでしょうか。

マルクスによれば、人類の歴史は**「階級闘争」の歴史**であり、奴隷制→封建制→資本制という社会形態の変化も、それぞれの時代で階級闘争が起きた結果だといいます。

資本制社会すなわち資本主義社会も例外ではありません。マルクスは、資本主義社会でも生産力と生産関係が衝突し、資本主義はもちこたえられなくなると考えました。その結果、**資本家階級と労働者階級の階級闘争が生じ、資本主義は解体される**。その後にやってくるのが、**社会主義**の社会です。

マルクスが構想した新しい社会とは、「各人の自由な発展が万人の自由な発展の条件であるような」（マルクス＝エンゲルス『共産党宣言』、『マルクス＝エンゲルス全集 第4巻』大月書店、四九六頁）社会です。そこでは、生産手段も少数の資本家が私有するのではなく、社会的に所有されます。社会主義にはもはや階級は存在しません。人々が能力に応じて働き、必要に応じて受け取る社会をめざす。これがマルクスの構想した新しい社会のビジョンでした。

労働が疎外される！

新たな変革の構想を確立したマルクスは、資本主義社会の徹底的な研究と分析に取りかかり、その成果は一八六七年より刊行された『資本論』として結実します。

二〇代の頃のマルクスは、『経済学・哲学草稿』のなかで**「疎外された労働」**という問題を深く考察していました。疎外とは、はじき出されることです。労働がはじき出されるとはどういうことでしょうか。

近代の産業社会では、労働者は賃金によって雇われる存在です。これは現代のアルバイトも会社員も変わるところはありません。労働者は、資本家の命令を守らなければなりません。たとえば、あなたがチェーンのレストランの厨房《ちゅうぼう》で雇われているとしましょう。そこでは、マニュアルに従ったとおりにしか料理をつくれない。自分がつくりたいものをつくることはできません。こうした状況では、働くことが自分とは疎遠な行動のように感じられます。つまり、**あなた自身の人間性が労働から疎外されてしまっている**わけです。

マルクスの「疎外された労働」には複数の意味が含まれます。チェーン・レストランの例でいえば、そこで使う料理道具やつくった料理も、結局は資本家が購入した生産手段や商品でしかないので、親しみを感じることができない。現代の非正規労働者にしばしば見られるように、**人間的なつながりからも疎外されること**があります。

ここで重要なことは、「疎外された労働」というマルクスの洞察には、**私的所有に対する批判**が込められていることです。労働がさまざまな局面で疎外される根本的な原因は、生産手段や生産物が資本家の所有物になっているからでしょう。こうした問題意識をさらに発展させて、資本主義社会のメカニズムを徹底的に分析した著作が『資本論』なのです。

搾取のカラクリ

大著である『資本論』の内容すべてをここで紹介することはできませんので、ここでは「労働力の商品化」という重要な議論について見ていきましょう。

まず、マルクスの問題意識を共有しましょう。それは「利潤(利益)はどこから生まれるのか」という問題です。マルクスの答えは、**資本家が労働者から搾取《さくしゅ》しているから**、というものでした。では、搾取とは何でしょうか。ここに「**労働力の商品化**」という問題が関わってきます。

資本家は、労働者の労働力を商品として購入します。これを労働者から見れば、一定の時間、自分の労働力を使用する権利を資本家に売るということです。

では、労働者が売る労働力の価値（値段）はどのように決まるのでしょうか。端的にいえば、労働力を再生産する費用から決まります。労働力を再生産する費用とは、労働者が労働力を維持できるだけの費用のこと。具体的には、住居費、食費、衣料代、子どもの教育費、自分が技術を身につけるための費用などがここに含まれます。

この議論のポイントは、資本家がいくら儲《もう》かっても、それは労働力商品の価格には反映されないということです。ここに搾取のからくりがあります。

たとえば、一日五〇〇〇円が労働力の再生産費用だとしましょう。この場合、資本家は、あなたの労働力を一日五〇〇〇円で購入します。そのうえで、五〇〇〇円以上の価値を生むようにあなたを働かせれば、資本家は利益を手にすることができるわけです。仮に、あなたが一時間一〇〇〇円の価値を生み出すことができるなら、資本家にとっては五時間でトントン。あなたが一〇時間働けば、資本家は、あなたに支払った額より五〇〇〇円分も多い価値を手にすることができます。つまり労働者は、資本家に売った労働力の価値以上の価値を生産していることになるのです。しかしその余剰分の価値は、資本家のものになってしまう。労働力の値段（すなわち賃金）に反映されることは決してありません。これがマルクスのいう搾取です。

このメカニズムは非常に巧妙にできています。労働者は、強制的に労働力を売らされるわけではありません。あくまでも市場のルールにのっとって、自分の意志で労働力を販売します。ですから形式的には、**自由な契約として労働力商品の売買は成立する**のです。

マルクスの『資本論』一巻には、当時のイギリスの労働者が、いかに劣悪な労働環境で酷使されていたかが克明に描かれています。

現代の日本も他人事ではありません。ブラック企業やブラックバイトの構造は、マルクスのいう搾取そのものです。『資本論』がいまなお読み継がれるゆえんでしょう。

解答と解説

選択肢はどれももっともらしい内容です。しかし、マルクスのキーワードが「疎外」であることとさえ理解していれば、ほかの選択肢にひっかかることなく、すんなりと❸を選べるでしょう。❶は、労働者による労働運動を批判する記述になっているので誤り。❷は人々の仕事中毒症を批判対象としている点が誤り。❹は「労働は本来、人間にとって苦痛以外の何ものでもない」としている点が誤りです。

3-2

西洋哲学の破壊者登場！　ニーチェの超人論

引用する設問は、ニーチェの主著『ツァラトゥストラはこう語った』の一節を引用し、その理解を問うものです。ニーチェの思想を知らなくても、正確な読解ができれば解答できる問題ですが、資料文にはニーチェの思想の特色がよく表れています。まずは、資料文を読んでみてください。

問16　**ニーチェは、「理性」と「身体」との関係を、次の文章のように捉えている。これを読んで、彼の主張の説明として最も適当なものを、❶～❹のうちから一つ選べ。**

身体は一つの大いなる理性である。……私の兄弟よ、君が「精神」と呼ぶところの君の小さな理性もまた、君の身体の道具である。……「自我」と君は言い、そしてこの言葉を誇りとしている。だが、より大いなるものは……君の身体であり、君の身体の大いなる理性である。この大いなる理性は、自我を言わないで、自我を行う。……感覚と精神とは道具ないしは玩具《がんぐ》である。それらの背後には、さらに自己が横たわっている。……自己は感覚の目で探り、精神の耳で聴く。……そしてまた自我の支配者でもある。

（ニーチェ『ツァラトゥストラはこう語った』）

❶根源的な自己としての身体が、自我を主張する精神としての理性を支配している。
❷小さな理性としての精神と大いなる理性としての身体は、本来は同一のものである。
❸理性と身体とは、自我の背後にある根源的な自己が操る精神と感覚とに対応している。
❹理性と身体は、どちらが根源的な自己として表層的な自我を支配できるかを争っている。

（二〇一〇年・センター追試験　第4問・問2）

「真理」なんてクソ食らえ

フリードリヒ・ニーチェ（一八四四〜一九〇〇）もマルクスと同じく一九世紀末を生きた哲学者です。一九世紀終盤は、さまざまな分野の思想家が同時多発的に、近代を批判する思想を提出する時代でした。なかでもニーチェの近代批判は徹底していました。民主主義や近代科学などクソ食らえとでも言わんばかりに、あらゆる近代的な価値観をめった斬りにしていきます。いや、批判の矛先《ほこさき》は近代的価値にかぎりません。ニーチェは、ソクラテス―プラトン以降の西洋哲学、さらにはキリスト教的な価値観と近代的な価値観を連続したものと捉え、痛烈な批判を浴びせるのです。

ニーチェはさまざまな著作で「真理」という概念を攻撃します。プラトンのイデア論以来、西洋哲学は手を替え品を替え、真理について語り続けてきました。そこに共通するのは、私たちが感覚で捉える現象の背後には真理の世界がある、とする発想です。たとえば『偶像の黄昏《たそがれ》』という著作では、「いかにして『真の世界』が最後には寓話となったか」と題して、プラトンのイデア界→キリスト教の彼岸→カントの物自体→実証科学の真理と、真理の世界の変遷《へんせん》をたどった末に、次のように語られます。

真の世界を私たちは除去してしまった。いかなる世界が残ったのか？　おそらくは仮象の世界か？　……だが、そうではない！　真の世界とともに私たちは仮象の世界をも除去してしまったのである！（『偶像の黄昏』原佑訳、『ニーチェ全集14 偶像の黄昏 反キリスト者』ちくま学芸文庫、四七頁）

「真の世界を私たちは除去してしまった」とは、どういうことでしょうか。この一文とまったく同じことを述べているのが、ニーチェの代名詞ともなっている「神は死んだ」や「俺たちが神を殺したのだ」という言葉です。

「神の死」がもたらすニヒリズム

ニーチェは『愉しい学問』という本のなかではじめて**「神の死」**について語りました。先の「真の世界」の除去と重ね合わせるならば、神の死とは、ユダヤ－キリスト教的な神の死であるとともに、西洋哲学が連綿と受け継いできた**「真理」の死**でもあるのは明白です。それはまた「真理／仮象」という二世界論を捨て去ることでもあります。

ではなぜ、私たちは神や真理を殺してしまったのでしょうか。その答えは、真理の探求じたいに含まれています。カントは、真理の世界である「物自体」を人間が認識できないことを明らかにしました。観察や実験に重きを置く実証科学に神の出番はありません。つまり、**真理を探求してきた西洋的な思考は、神や真理の存在そのものを懐疑するところまで行き着いてしまった**わけです。

かつては神が生きる意味を供給してくれました。哲学も絶対的な真理や道徳的なあるべき生き方の探求を続けてきました。しかし、ニーチェにいわせるならば、そもそも真理や神が存在するという考えそのものが嘘っぱちなのです。だからどれだけ議論を尽くしたところで、真理や神の存在を確信できるはずがありません。突き詰めて考えれば考えるほど、確かな真理の存在が怪しく思えてくる。したがって「神の死」とは、**真理の虚妄性がいよいよ明らかになってきた事態**を意味しています。

その後にやってくるのが「**ニヒリズム**」です。ニヒリズムとは、生きることの価値や意味を喪失してしまうことです。何のために生きるのかわからない。生きる目標が見つからない。どうせこの世界に確かな価値などないんだ。神の死や真理の死は、必然的にこうしたニヒリズムをもたらすとニーチェはいいます。

道徳はルサンチマンから生まれた

倫理や道徳に関しても、ニーチェはそれまでの哲学者とはまったく違うアプローチの議論を展開しました。ニーチェ以前の哲学者は、どのような論じ方をするにせよ、道徳の存在を疑うことはありません。カントの定言命法は理性の命令であったし、ヘーゲルの人倫も精神の成長プロセスのなかに位置づけられるものでした。

それに対して、ニーチェは『善悪の彼岸』や『道徳の系譜学』といった著作のなかで、道徳の起源をたどっていきます。つまり、人はいかに生きるべきかを問うのではなく、人はいかに生きるべきかという道徳がどのようにできあがっていったのかを、過去にさかのぼって明らかにしようとするのです。

ニーチェがメスを入れるのは、隣人愛や禁欲を説く**キリスト教的な道徳の起源**です。いったいなぜ、キリスト教は弱者への思いやりや禁欲といった道徳を説くのか。ニーチェによれば、それは**強者に対する「ルサンチマン（恨み）」**からです。

ローマ時代のキリスト教徒がそうだったように、弱者は、力ではかなわない権力者や富者を憎み、彼らに復讐しようとする。しかし、現実には弱者であるキリスト教徒にそんな力はありません。そこで、強者がもつ自己肯定や力強さ、気高《けだか》さといった価値観を否定し、

道徳の背後にはルサンチマンが

奴隷道徳

人間界には、強者が悪で、弱者が善という道徳が存在する

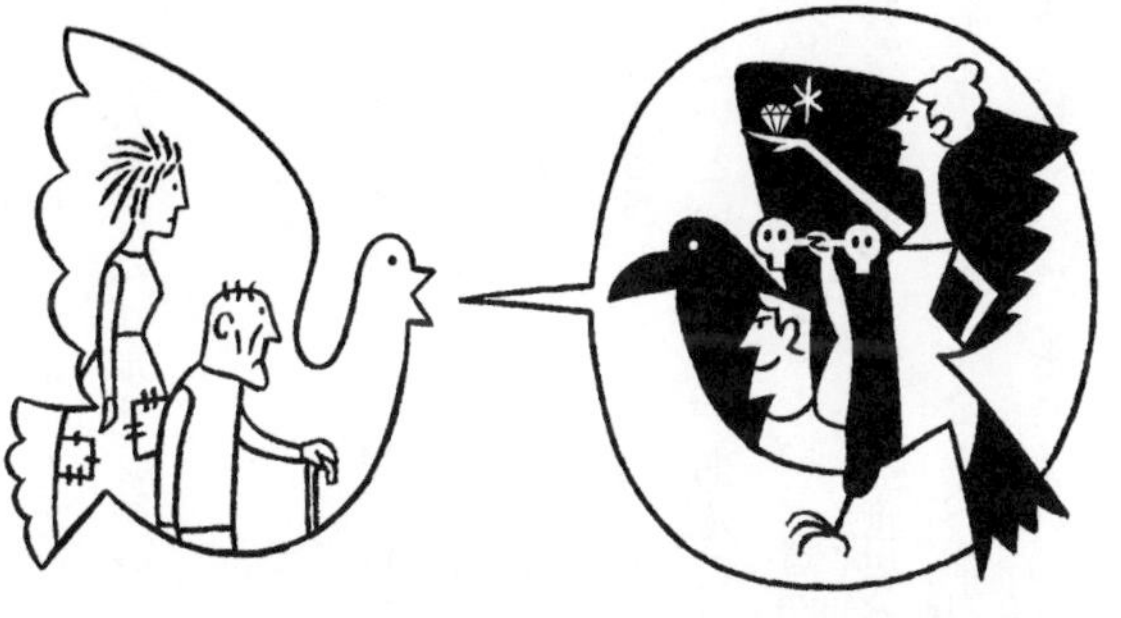

弱者＝善

貧しい人は正直で欲がない
身体が弱い人は心が優しい

強者＝悪

お金持ちは強欲で非道
体が強い人は暴力的で怖い

利他的な気持ちや弱者への思いやりといった価値を「善」とするようになった。さらに、人々の罪を背負って十字架にかけられたイエスへの負い目から、良心の疚《やま》しさを感じ、禁欲的な道徳を生み出していったというのがニーチェの診断です。

ニーチェはこうしたキリスト教的な道徳を「**奴隷道徳**」と呼んでいます。禁欲、利他的な気持ち、同情といった奴隷道徳は、近代になってもそのまま引き継がれます。万人の平等や権利の要求もまた、ニーチェにいわせれば、強者をひきずりおろす奴隷道徳にほかなりません。

ニーチェがこの奴隷道徳に対置するのが「主人道徳（貴族道徳）」です。主人道徳とは、勇敢さや気高さなど、自己肯定にもとづく**強者の道徳**のこと。自分の内側から生きる充実感を求めていく主人道徳は、ルサンチマンとは無縁です。

世界は解釈でできている

ここまで見てきたように、西洋の哲学や宗教が至高の価値としてきた真理や善も、その根っこには、強者に対する弱者のルサンチマンがあるというのがニーチェの考えでした。

ニーチェはそこからさらに歩を進めて、あらゆる価値の根本には「〜したい」という欲望があると主張します。たとえばキリスト教的道徳を生み出したルサンチマンも、強者を貶《おとし》め、復讐したいという欲望であることには変わりません。

強くなりたい、自由になりたい、豊かになりたい、復讐したい……、何を欲望するかは、人によって異なります。そして「世界を解釈するもの、それは私たちの欲求である」（『権力への意志』原佑訳、『ニーチェ全集13 権力への意志（下）』ちくま学芸文庫、二七頁）という言葉に示されるように、人は、それぞれの欲望に従って世界を解釈し、その解釈を価値の源泉としていくのです。

この欲望のことを、ニーチェは**「権力への意志」**という言葉で表現しています。「権力への意志」とは、強い欲望と考えればいいでしょう。ニーチェによれば、真理の世界も、自然科学も、民主主義も「権力への意志」にもとづく解釈にほかなりません。たとえば、自然科学は自然のありようを計測したいという欲望から世界を解釈し、民主主義は、キリスト教的道徳と同様に、権力者に復讐したいという欲望から世界を解釈するわけです。

現実逃避せずに、生そのものに満足せよ

しかし、ニーチェは単なる相対主義を唱えたかったわけではありません。世界は解釈にすぎないと居直るだけでは、ニヒリズムから抜け出すことはできないからです。

絶対的な正しさや真理がない世界のなかで、ニヒリズムに陥らず、強く生きるためには何が必要か。その答えが代表作『ツァラトゥストラ』などで示されている「永遠回帰」と「超人」という思想です。

永遠回帰とは、宇宙が同じ状態を何度も繰り返すことをいいます。もちろん、そんなことはありえませんが、重要なことは、なぜニーチェが永遠回帰という発想を提出したのかを理解することです。

たとえば、永遠回帰しない世界を考えてみましょう。キリスト教では、世界の終わりには最後の審判がくだり、そこで救われる者と救われない者が選別される。ヘーゲルは、自由の拡大として世界史を捉えました。どちらも世界はやがて真理を現すことを前提としている点で共通しています。このことからわかるように、永遠回帰のない世界は、真理という考え方を呼び込みやすいのです。

ニーチェが断固として否定したかったのは、**現実から逃避して、「いま・ここ」とは違うどこかに生きる意味や目標を見いだす態度**でした。

人が現実逃避しない世界とはどのようなものか。その答えが、「いま・ここ」が何度も繰り返しやってくる永遠回帰の世界でしょう。

「永遠回帰」は、つらい人生を歩んでいる人間にとってはあまりに酷な世界です。しかし、これを「思いどおりにならない人生」の極点と考えてみたらどうでしょうか。それでも自分の人生を肯定できるか、とニーチェは問いかけます。厳しい問いですが、肯定しないかぎり、自分の人生は救われないのです。

そして、どこまでも自己肯定を貫く生き方のモデルこそ、ニーチェのいう「**超人**」にほかなりません。超人は、永遠回帰すらも運命として肯定的に受け入れ、常に自分自身の内側から生の充実を感受できるような存在です。ニーチェは『ツァラトゥストラ』のなかで、「人間は克服されるべき存在なのだ」と述べたのち、「超人」を次のように表現しています。

超人とは、この地上の意味のことだ。君たちの意志は、つぎのように言うべきだ。超人よ、この地上であれ、と!(『ツァラトゥストラ(上)』丘沢静也訳、光文社古典新訳文庫、二〇頁)

わかりやすくいえば、何かのために生きるのではなく、**生きることそれじたい(=地上)から充足を得よ**、ということです。超人を高すぎる理想と思うかもしれません。でも、ルサンチマンやニヒリズムに囚われたままでは、前に踏み出すことはできないこともまた確かでしょう。

解答と解説

設問を解いてみましょう。形式的に読解すれば、

・精神＝小さな理性＝自我
・身体＝大いなる理性＝自己

と整理することができます。そして資料文の末尾では、「自己」が「自我の支配者である」と述べられています。以上をふまえて選択肢を検討すると、❶が正解であることがわかるでしょう。❷は「本来は同一のものである」が誤り。❸は「理性と身体」が「精神と感覚とに対応している」という点が誤り。そして❹のような内容は資料文では述べられていないので誤りです。

内容的な解説をしておくと、ここでニーチェは、精神（理性・自我）が身体を支配するという西洋哲学の伝統的な見方を否定し、身体こそがより根源的な「大いなる理性」として、精神や感覚を通じて、自我（自己意識）を支配すると述べています。ただし、精神を「小さな理性」と言い換えていることからもわかるように、ニーチェにとっての理性とは、精神と身体をひっくるめたものなのです。

3 - 3

プラグマティズムって何だ？

パース、ジェイムズ、デューイ

前節で述べたとおり、ニーチェは西洋哲学そのものに痛烈な批判を浴びせました。一九世紀後半という同じ時代に、アメリカでもニーチェとは違ったかたちで、プラトンからヘーゲルまで連綿と続いてきた西洋哲学を問い直す思想が誕生します。それがプラグマティズムです。

問17 プラグマティズムの説明として最も適当なものを、次の❶〜❹のうちから一つ選べ。

❶プラグマティズムとは、経験論の伝統を受け継ぎ、知識や観念をそれが引き起こす結果によってたえず検証しようとする思想である。

❷プラグマティズムとは、大陸合理論を基盤として生まれ、後にキリスト教精神によって育《はぐく》まれたアメリカ固有の思想である。
❸プラグマティズムとは、行為や行動を意味するギリシア語を語源としているが、その方法は思弁的であり、実生活とは隔絶した思想である。
❹プラグマティズムとは、科学的認識よりも実用性を優先し、日常生活の知恵を基盤とする思想である。

（二〇〇四年・センター追試験　第2問・問5）

日本でプラグマティズムというと、「実用主義」などと訳され、深みを欠いた効率重視の思想のように誤解されがちです。しかし哲学としてのプラグマティズムは、イギリスの経験論を引き継ぐと同時に、それまでの哲学とは大きく異なる思想を展開していきました。その影響は現代にまで及び、二〇世紀後半以降は、ネオ・プラグマティズムと呼ばれる思潮へと発展していくことになります。

本節ではそこまでは扱えませんが、プラグマティズムの源流と見なされるパース、ジェイムズ、デューイという三人の思想を概観してみたいと思います。

①パース――知識と経験を結びつける

まず、プラグマティズム誕生の瞬間を見てみましょう。ハーバード大学の数学教授の次男として生まれたチャールズ・サンダース・パース（一八三九〜一九一四）は、一八七七年から七八年にかけて発表した論文のなかで、プラグマティズムの本質について次のように述べています。

> ある対象の概念を明晰にとらえようとするならば、その対象が、どんな効果を、しかも行動に関係があるかもしれないと考えられるような効果をおよぼすと考えられるか、ということをよく考察してみよ。そうすれば、こうした効果についての概念は、その対象についての概念と一致する。（「概念を明晰にする方法」上山春平・山下正男訳、『世界の名著49　パース　ジェイムズ　デューイ』中央公論社、八九頁）

なんともわかりにくい文章ですが、ここでパースがいっているのは、**知識（概念）の内実は、その知識がもたらす効果や結果と切り離すことができない**、ということです。

パースはこのことを「硬い」「重い」という概念を例に説明しています。あるモノが「硬い」とは「別のモノで引っかいても傷がつかない」という意味であり、このことは実際にやってみなければわからない。同じように、「重い」という概念が「上に引きあげる力がないと下に落ちる」ということも、私たちの行動とともに理解されていくのだとパースはいいます。

知識がもたらす効果や結果は、行為や行動がともなわないと知ることはできません。ギリシャ語では行為や行動を「プラグマ」といいます。そこからパースは自らの思想を「プラグマティズム」と名づけたわけです。

知識と経験とが強く結びついている点で、パースのプラグマティズムが経験論を引き継いでいることはたしかです。しかし同じく経験を重視する実証主義と異なるのは、パースの場合、「神」や「祈り」のような概念も、その効果を知ることで説明できると考えることです（実証主義では、経験的に神の存在を確かめることができない以上、神を説明することは不可能だと考えます）。

このようにパースのプラグマティズムは、自然科学的な知識や概念だけにとどまらない広がりをもつ思想です。この点をさらに押し広げたのが、「プラグマティズム」という言葉を世の中に広めていったジェイムズでした。

②ジェイムズ——真理とは「有用性」である

ウィリアム・ジェイムズ（一八四二〜一九一〇）には、その名もずばり『プラグマティズム』という著書があります。彼のプラグマティズムは、パースの思想をさらにラディカルに捉えるものでした。

パースの場合、効果や結果と結びついて理解される知識は、次第に客観性が高まっていくことが想定されています。その点では、科学的な営みと親和性が高いといっていいでしょう。ざっくりといえば、みなが実験や観察を重ねることで、少しずつ真理に近づいていくというのがパースの真理観です。

それに対してジェイムズ流のプラグマティズムは、信じると有用なものも真理と捉えます。ジェイムズの言葉を見てみましょう。

「それは真理であるから有用である」とも言えるし、また「それは有用であるから真理である」とも言える。（『プラグマティズム』桝田啓三郎訳、岩波文庫、二〇三頁）

ここに言われているように、**ジェイムズにとっての真理とは有用性と同義です**。パースのように、客観性に近づくことは必ずしも必要ではありません。したがって、たとえ他の人にとっては誤っている信念でも、それが個人にとって有用であれば、その信念は真理と見なしていいことになるわけです。

ジェイムズがこのような真理観を提出した背景には、ダーウィンの進化論によって、宗教的な信念が動揺していたことがあるでしょう。一八世紀の啓蒙思想以降、自然科学の発展とともに、神と知識とは切り離されていく一方でした。経験論で見たように、知覚できるものに知識の基盤を置くのであれば、もはや知識の獲得に神の後ろ盾は必要ありません。

ニーチェはそれゆえに「神は死んだ」と表現し、同時に「真理」に対しても死刑宣告を下しました。他方、ニーチェとほぼ同時代を生きたジェイムズは、**「有用性」という考え方によって、科学と信仰の両立を図ろうとした**のです。

科学によって、私たちは自然のメカニズムをよりよく知ることができるし、それを日常生活に役立てることもできる。だから、科学的な真理というものはあってよい。他方で宗教によって、私たちは心の平安や精神の休息を得ることができる。だから、宗教的な真理もあってよい。このように有用性という観点から見れば、複数の真理が衝突することなく棲《す》み分けることができるわけです。

ジェイムズにとって、プラグマティズムの思想は、対立する思想や信念を調停する「道具」であり、それ自体、強固な真理を主張するものではありません。彼はこのことを、部屋と廊下の喩《たと》えによって説明しています。

ホテルの廊下にはいくつもの部屋が面しています。それらの部屋で、無神論者、信仰者、化学者、形而上学者がそれぞれ活動しているとしましょう。

しかし彼らはみんなこの廊下を自分のものと考えているし、また誰でもめいめいの部屋の出入りに通ることのできる通路を欲する以上は、どうしてもこの廊下を通らざるをえないのである。(同前、六一頁)

この廊下にあたるのがプラグマティズムです。有用性を真理とみなし、多元的な真理を認めるジェイムズのプラグマティズム観が、この廊下の比喩からよく伝わってきます。

③デューイ――民主主義としてのプラグマティズム

最後に、プラグマティズムの大成者と目されるジョン・デューイ（一八五九～一九五二）の思想を概観しておきましょう。デューイの思想は**「道具主義」**と評されることが多く、実際、デューイ自身も次のように述べています。

> 概念、理論、思想体系は、道具である。すべての道具の場合と同じように、その価値は、それ自身のうちにあるのではなく、その使用の結果に現われる作業能力のうちにある。（『哲学の改造』清水幾太郎・清水禮子訳、岩波文庫、一二八頁）

知識や概念を道具とみなす点ではジェイムズと共通していますが、デューイの場合、その道具としての役割は、**社会を改良すること**に重心が置かれます。したがって、個人に有用性があることよりも、社会が直面する問題の解決に資する道具かどうかが重視される。このように**知識の公共的な側面**に目を向けている点では、ジェイムズよりもパースのプラグマティズムを受け継いでいるといえるでしょう。

もう少し具体的に説明してみましょう。

デューイによれば、状況が不安定になったとき、物事の「探求」が始まるといいます。いつもと比べて何かおかしい。今までと何か違う。するとそこに疑問が生じ、原因をつきとめるために「なぜ〜なのか」という問題設定がなされます。この問題設定にもとづいて仮説を立て、仮説を検証するために実験や観察をおこなう。その結果が仮説どおりであれば、問題解決に役立つ知識を得ることができたといえるでしょう。

このように、日常生活のなかで直面した困難に対して、適切な課題を設定して問題解決をはかっていく知性のあり方を、デューイは「**創造的知性**」や「**実験的知性**」と呼んでいます。

こうした問題解決のための探求は、一人でおこなうものではありません。複数の人間が議論や討議に参加し、知識をよりよい道具として活用しながら、社会を改良することが重要です。デューイはこのような共同的な探求のスタイルを「**民主主義**」と呼んでいます。

デューイが提唱した「問題解決学習」

では、どうすれば民主主義を実現できるのか。デューイが重視するのは教育です。教育の場で、先述したような問題解決能力を身につける。そのためには、暗記一辺倒の学習ではなく、生徒たちが実際に問題を発見し、解決していくようなカリキュラムが必要です。デューイはこうした学習のあり方を「**問題解決学習**」と呼び、「為《な》すことによって学ぶ」と表現しています。

一九世紀後半のアメリカにプラグマティズムが生まれた背景として、南北戦争による分断があることが指摘されています。またアメリカは、多様な文化をバックグラウンドにもつ人々からなる社会です。異質な人々が対立することなく共生するにはどうすればいいか。デューイの「民主主義」は、単なる机上の空論ではなく、それ自体が、アメリカが直面する社会課題に対する解決を示すものでもあったのでしょう。

解答と解説

ここまでの解説を読めば、正解は❶に決まります。❷は「大陸合理論を基盤として生まれ、後にキリスト教精神によって育まれた」が誤り。❸は「その方法は思弁的であり、実生活とは隔絶した思想である」が誤り。❹は「科学的認識よりも実用性を優先し」が誤りです。

3 - 4

大衆社会と科学技術を批判せよ！　ハイデガーの存在論

センター試験の問題を引用しましょう。問題中の資料文に注目してください。大衆社会と科学技術に対する批判という観点から、マルティン・ハイデガー（ハイデッガー、一八八九～一九七六）の思想を解説したものです。

問18　**次の文章は、大衆社会と科学技術を批判したハイデッガーの思想について説明したものである。（a）～（c）に入れる語句の組合せとして正しいものを、❶～❻のうちから一つ選べ。**

ハイデッガーは、人々がうわさ話に夢中になり、新奇なものを求め、なんとなく曖昧《あいまい》に生きている日常的なあり方を（a）と呼んだ。こうしたあり方から本来の自己へと至るには、（b）のただなかで、自己の死の可能性を直視することが必要だとした。後に彼は、科学技術のあり方を考察し、そこでは人間も含めてあらゆるものが利用されるべき材料とみなされていることを批判した。彼はこうした状態を（c）の喪失と呼び、そこから脱却する道を模索した。

---

❶ a ルサンチマン　b 絶望　c 故郷
❷ a ダス・マン　b 不安　c 人倫
❸ a ルサンチマン　b 不安　c 故郷
❹ a ダス・マン　b 絶望　c 人倫
❺ a ルサンチマン　b 絶望　c 人倫
❻ a ダス・マン　b 不安　c 故郷

（二〇一三年・センター本試験　第4問・問7）

「存在の意味」への問い

倫理の教科書では、ハイデガーは後述する「実存主義」の一人として解説されるため、センター試験でもそれに沿ったかたちの出題になっています。ただ、実存主義という観点だけからハイデガーの哲学を捉えると、彼の重要な哲学的モチーフを見逃すことになるでしょう。

では、ハイデガーが追求した哲学的な問いとは何だったのか。代表作として知られる『存在と時間』という書名が示唆するように、それは、**「そもそも『存在する』とはどういうことか」**を問うことでした。同書の冒頭でハイデガーは、次のように述べています。

> わたしたちは現在、「存在している」（ザイエント）という言葉で、そもそも何を言おうとしているのかという問いに、何らかの答えをもっているだろうか。いかなる答えも、もっていない。だからこそ存在の意味への問いを、新たに設定する必要がある。
> （『存在と時間（1）』中山元訳、光文社古典新訳文庫、一三頁）

なぜ、ハイデガーは「存在の意味」を問うことが必要だと考えたのか。彼にとっては、私たちが事物をどう認識するかを問う認識論よりも、「存在するとはどういうことか」を問う**存在論**のほうが、哲学の根本的な問題であったからです。

にもかかわらず、西洋の哲学は、存在を問うことを次第にないがしろにしてきた、と言います。とくにデカルトやロックが切り開いた近代の哲学は、私という主体が、客体である事物をどのように認識できるか、という認識論を主たる舞台としてしまった。ハイデガーの意図は、**いまいちど古代ギリシャ哲学の精神に立ち返って、存在への問いを発することにあった**のです。

人間とは、他人やモノと関係し合う存在である

では、哲学はどのように存在の意味を探求すればいいのでしょうか。ハイデガーはまず、自分の存在に関してさまざまな疑問をもつことができるのは人間だけであると指摘し、人間という特別な存在者を**「現存在**（ダーザイン）**」**と呼びました。「現（Da）」とは「そこ」の意で、それは人間によって存在の意味が明らかになる場所のことだと解釈されます。

動物は、自分の存在の意味を問うことはしない。「なぜ、自分はいま存在しているのか？」「自分の存在にどういう意味があるのか？」――こうした問いをもつのは人間だけです。

そこでハイデガーは、現存在である人間の「存在了解」のあり方（存在の感じ取り方）に目を向けます。ここに登場するのが**「世界内存在」**というハイデガー独特の用語です。

世界内存在とは、世界のなかでさまざまな他者や事物と関わり合いながら生きている、現存在（＝人間）のあり方をさす言葉です。

私たちは、物心がついた頃には、箸やスプーンを使って食事をし、靴をはいて外に出かけるようになっています。あるいは、家族や友だちに話しかけることもあれば、気に入らなくて腹を立てることもある。

分別がついた頃には、私たちは、他者や事物と何らかの関係を結んで生きる世界に置かれている。そんなことは当たり前じゃないかと思うかもしれませんが、近代の認識論と比べると、世界内存在という捉え方の特徴がよくわかります。乱暴にいえば、近代の認識論では、世界は認識の対象ですから、「私→世界」という構図で世界を捉えます。望遠鏡や顕微鏡で星や細胞を観察するように、世界を捉えていたわけです。

それに対してハイデガーの「世界内存在」は、**世界のなかで他者や事物と関係し合っている存在者**として人間を捉えます。ですから、コップや椅子のような事物も、単なる認識の対象ではありません。そこで、人間は、他者や事物とどのような関係を結んでいるのか、という問題が重要になってきます。

モノに対する「気遣い」

ハイデガーは、現存在が他者や事物と関わるあり方を「気遣《きづか》い」と呼んでいます。気遣いといっても、おもてなしのようなことではなく、**関心を向けること**だとお考えください。

ハイデガーは「道具」を例に、モノに対する気遣いについて説明しています。たとえば、箸やスプーンは食べるための道具であり、ノートは何かを書くための道具です。さらに、会議の内容をノートにメモするのは、その後の仕事に役立てるためですから、私たちのモノとの関わりは、一つのモノとの関係だけで完結しているわけではありません。いわば私たちは、**「~のために~を使う」という目的と手段のネットワークのなかで、モノと関係しているわけです**。このように、現存在とモノが織りなす目的と手段のネットワークのことをハイデガーは「道具連関」といいます。現存在は、**モノを認識するよりも先に、道具連関のなかでモノと出会う**のです。

ハイデガーによれば、こうした目的と手段のネットワークにおいて、現存在こそが究極の目的であるといいます。たとえば、フライパンは料理をするための道具であり、料理は現存在である私が食事をするための行為です。つまり、AはBのため、BはCのため……とたどっていくと、最終的な目的は現存在＝人間に行き着く。したがって現存在は、道具

道具連関

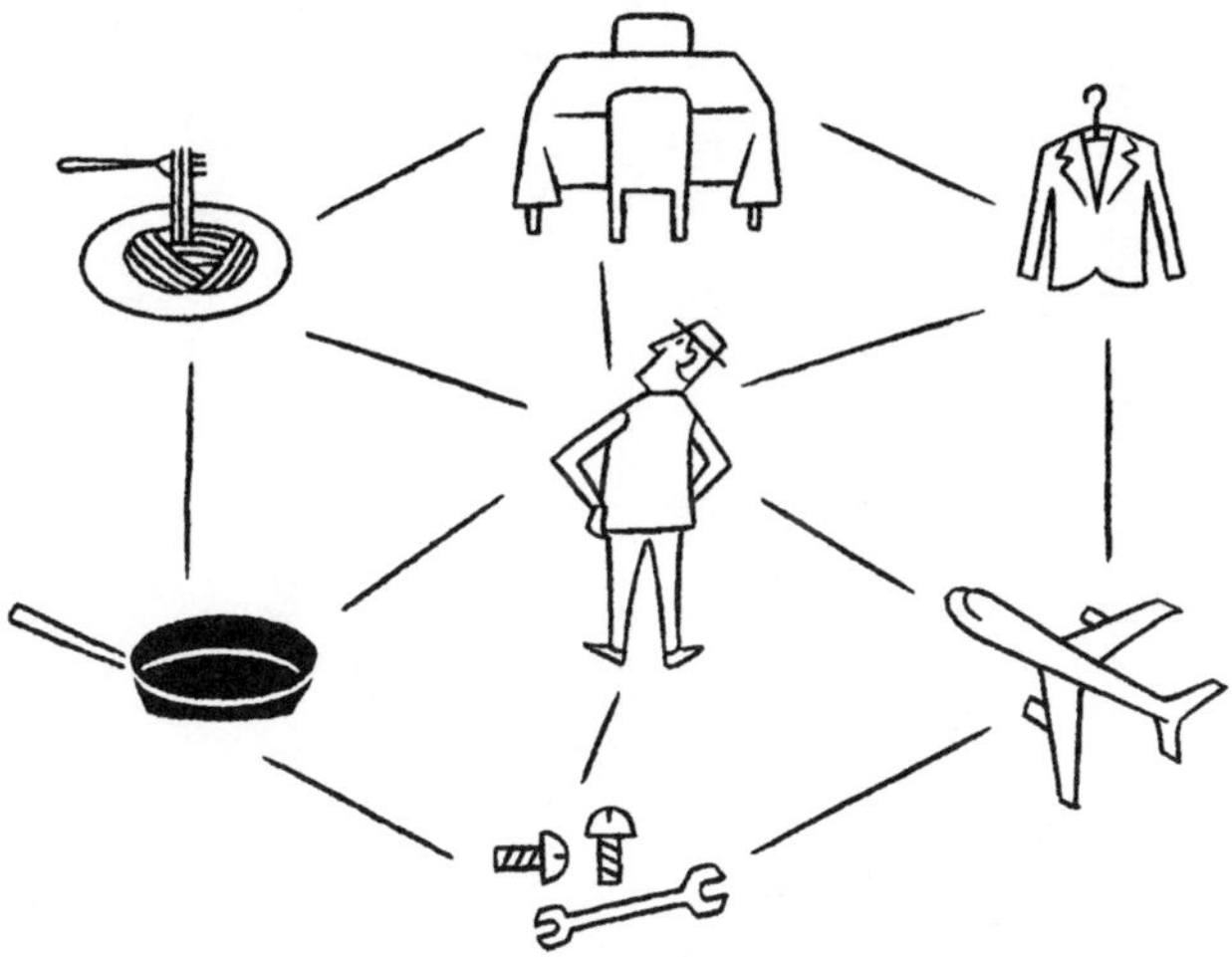

が織りなす「〜のため」というネットワークのなかで、その都度その都度、自分に役立つようにモノに対して関心を向けながら、**自分自身の存在にも気遣いを差し向けている**ことになります。

大衆社会に埋没するダス・マン

道具連関の例を通じてハイデガーが言いたいことは、現存在である人間は、さまざまな存在者に対して、受動的な関わり方と能動的な関わり方の両面をもつということです。

一方では、私は世界のなかに投げ込まれ、他者とモノから行動の制約を受けますが、他方では、他者やモノとの関係を通じて、自分自身の存在を編み直していくこともできます。このように、与えられた状況や可能性のなかで、その都度、自分の存在を了解していく人間（現存在）のあり方をハイデガーは**「実存」**と呼びます。

しかし、つねに周囲の他者やモノに気遣いを向けている人間は、自分に固有な本来的なあり方を忘れて、周りに合わせるだけの状態に陥ってしまうとハイデガーはいいます。ハイデガーにとって、本来的なあり方とは、与えられた可能性のなかから自分自身の生き方を選び取り、自らの存在をその都度嚙《か》みしめるような状態をいいます。

それに対して、日常生活に埋没して、周囲に流されるような状態に陥ることをハイデガーは**「頽落《たいらく》」**と呼び、誰であってもいいような非本来的なあり方を**「ダス・マン」**と名づけました。「ダス・マン」は「ひと」「世人《せじん》」「誰でもない人」などと訳されます。

ハイデガーは「ダス・マン」のあり方として、くだらないおしゃべりや、物珍しいものに飛びつくだけの野次馬的な好奇心などを挙げています。

このダス・マンというあり方は、「時間」の捉え方とも深く関わっています。

過去を引き受けたうえで、将来の自分の可能性を選び取っていく本来的な時間性に対して、ダス・マンは、のっぺりとした単調な時間性のなかに安住してしまっているのです。

重要なのは「死」を直視すること

では、ダス・マンは、どうすれば本来的な自己を取り戻すことができるでしょうか。ハイデガーは、「死」に対する「不安」と向き合うことだといいます。

死は誰とも交換することができません。いつ訪れるかはわかりませんが、必ず死ぬときはやってきます。それは何十年後かもしれないし、明日かもしれない。逃れることのできない死に対して、人間は恐怖や不安を感じます。そして、この不安から逃れたいからこそ、多くの人は日常のおしゃべりや雑事で気を紛《まぎ》らわすのです。

しかし、現存在である人間が、ダス・マンの状態から脱するためには、自分の死を見据えることが必要だとハイデガーはいいます。すなわち、死を自覚することで、人間は「自分はこのように生きなければならない」という良心の声に気づくのだ、と。

このように、**死の逃れがたさを直視し、死の自覚を介して、本来的な自己**（実存）**に立ち戻ろうとするあり方**を、ハイデガーは「**先駆的決意**」と名づけました。

当初のハイデガーの構想では、この後に、『存在と時間』の核心となる存在そのものと時間との関係を論ずることになっていましたが、実際にはその部分は刊行されていません。

そのため『存在と時間』は、冒頭で述べたように、もっぱら人間の本来的な生き方を説いた実存主義的な著作として解釈されることになりました。

技術の時代の「故郷喪失」

『存在と時間』がドイツ語圏で大変な反響を得たのち、ハイデガーは一九三三年にフライブルク大学の総長に選ばれました。その就任講演で、ナチスを称《たた》える発言をし、ナチスの反ユダヤ主義的政策にも協力したことから、戦後には、彼のナチス加担問題が大きな論争となりました。

ただその期間は短く、結局は近代技術に支配されているナチスから離れ、大学総長も一年で辞任しています。

一九三〇年代後半以降、ハイデガーは、さまざまな著作で近代技術批判を展開していきました。ハイデガーの近代技術批判を表す言葉として「**ゲシュテル**」というものがあります。「徴用性」「総駆り立て体制」などと訳され、技術が人間や自然を生産に駆り立てていくシステムのことを意味します。

人間も自然も、すべてが生産に役立つように組み込まれる。技術が地球全体を支配する時代において、人々は自分の拠《よ》り所となる場所、存在を実感できる場所を喪失してしまった(「**故郷喪失**」)とハイデガーはいいます。三・一一以後のフクシマを予言するような指摘ではないでしょうか。

解答と解説

ここまで読んでもらえれば、設問じたいは簡単でしょう。(a)は、日常に埋没しているあり方を意味する「ダス・マン」が入ります。(b)は、ハイデガーの思想としては「不安」が適切です。(c)は、本節末尾で述べたように、技術が支配する時代に、人々は「故郷」を喪失しているとハイデガーはいいます。正解は❻です。

3-5

「実存」という不安とどう向き合うか?

キルケゴールからサルトルへ

本節のテーマは「実存主義」。引用する設問は、実存主義の哲学者であるキルケゴールとサルトル二人の思想について、正しく理解しているかを問うものです。

問19 「実存」を重視した思想家にキルケゴールとサルトルがいる。二人の思想の記述として最も適当なものを、次の❶~❺のうちからそれぞれ一つずつ選べ。

❶日常的な道具は使用目的があらかじめ定められており、本質が現実の存在に先立っているが、現実の存在が本質に先立つ人間は、自らつくるところ以外の何ものでもないと考えた。

❷宇宙はそれ以上分割できない究極的要素から構成されているが、この要素は非物体

的なもので、それら無数の要素が神の摂理のもとであらかじめ調和していると主張した。

❸生命は神に通じる神秘的なものであるから、人間を含むすべての生命に対して愛と畏敬《いけい》の念をもつべきであり、そのことによって倫理の根本原理が与えられると考えた。

❹人が罪を赦《ゆる》され、神によって正しい者と認められるには、外面的善行は不要であり、聖書に書かれた神の言葉を導きとする、内面的な信仰のみが必要だと主張した。

❺誰にとっても成り立つような普遍的で客観的な真理ではなく、自分にとっての真理、すなわち自らがそれのために生き、また死にたいと願うような主体的真理を追求した。

（二〇〇六年・センター本試験　第4問・問6）

実存主義とはどのような思想か

本節でもこの二人に焦点を当てて、実存主義という思想潮流について解説していきます。まず、「実存主義」の一般的な解説をしておきましょう。

中世のスコラ哲学では、「本質存在」と「現実存在」という対《つい》概念が用いられました。**本**

質存在とは、いわば事物の定義です。たとえばナイフであれば「物を切ったり削ったりするもの」が本質存在になります。それに対して、**現実存在**は文字どおり、現実に目の前にあるナイフのことをいいます。

この対比を人間にあてはめてみましょう。「人間は理性的動物である」という捉え方は、本質存在としての人間を言いあてようとするものです。他方、個別具体的で、いま・ここに生きている私やあなたが現実存在です。哲学でいう**実存**とは、この現実存在としての人間を意味します。

一九世紀は、ヨーロッパの各地で産業革命が起こり、科学技術が発展していくと同時に、ニーチェが指摘したように、生きる意味や目標を失うニヒリズムがヨーロッパを覆《おお》っていく時代でした。たとえば工場では、働く人間一人ひとりの個性は無視され、労働者は単調で機械的な作業に従事させられます。教会もかつてのような権威はなく、社会と宗教の結びつきは希薄になっていきます。

このような時代を背景として、実存としての人間の生き方――すなわち、いま・ここに生きる人間そのもののあり方を問う哲学や思想が生まれてきたのです。こうした哲学・思想の潮流が後世になって「**実存主義**」と呼ばれるようになりました。そして、実存主義の先駆的な哲学者がキルケゴールであり、もっとも大きな影響力をもった哲学者がサルトルなのです。

追求するべきは主体的真理

キルケゴールとサルトルは、年齢にしておよそ九〇歳離れています。キルケゴールは一九世紀前半を生きた人物であるのに対し、サルトルは二〇世紀生まれです。

まずは実存主義の源流とされるセーレン・キルケゴール（一八一三～五五）の思想から見ていきましょう。二二歳のときにキルケゴールが綴《つづ》った日記には、彼の実存宣言とも呼ぶべき一節があります。

> 私に欠けているのは、私は何をなすべきか、ということについて私自身に決心がつかないでいることなのだ。それは私が何を認識するべきかということではない。……私にとって真理であるような真理を発見し、私がそれのために生き、そして死にたいと思うようなイデーを発見することが必要なのだ。いわゆる客観的真理などをさがし出してみたところで、それが私に何の役に立つだろう。（桝田啓三郎「キルケゴールの生涯

と著作活動」、『世界の名著51　キルケゴール』中央公論社、二〇頁）

　ここに書かれているように、キルケゴールが求めたのは、西洋哲学が探求してきた「客観的真理」ではなく、「私にとって真理であるような真理」すなわち**「主体的真理」**でした。キルケゴールからすれば、どれだけ客観的な知識をもったところで、それが自分の人生に深い意味をもたなければガラクタ同然なのです。

実存の三段階

　キルケゴールは、『哲学的断片への結びとしての非学問的あとがき』という著作のなかで、実存のあり方を「美的実存」「倫理的実存」「宗教的実存」という三つの段階に分けて説明します。これを**「実存の三段階」**といいます。

　美的実存の段階では、束縛から逃れようとして、欲望のままに快楽や名声を追求しますが、やがて倦怠《けんたい》感に襲われ、享楽的な生活を続けることに不安を感じるようになります。

　不安に駆られた実存は、快楽の追求を脱し、人間として正しい生き方を求めようとします。これが**倫理的実存**の段階です。しかし正義をどこまでも追求しようとしても、一人の人間にできることには限度があります。どれだけ倫理的に生きようとしても、社会の現実に裏切られて絶望に陥る。そこで最後に到達するのが**宗教的実存**の段階です。

宗教的実存とは、単独者として神と向き合い、信仰に全存在を賭《か》けるあり方のことをいいます。

キルケゴールの主著『死に至る病』には、**「死に至る病とは絶望のことである」**とあります。ただし、ここでの「死に至る病」とは肉体的な病のことではありません。キルケゴールにとっての「死に至る病＝絶望」とは、キリスト者として正しく生きようとしても生きることができない状態であり、それは永遠に続くかもしれないものです。

キルケゴール自身がこの死に至る病に冒《おか》されていた人でした。彼は、父の秘密や自身の結婚破棄などを通じて、つねに深い罪の意識にとらわれ、絶望の真っ只中にありました。

どうすれば、この絶望を克服できるのか。そのギリギリの選択が、たった一人の単独者として神を信仰することだったのです。

生き方が本質をつくりあげる

キルケゴールを先駆とする実存主義は、二〇世紀のジャン＝ポール・サルトル（一九〇五

〜八〇）に至って、世界中を席巻する思想となります。とりわけ第二次世界大戦後のヨーロッパでは、その影響力は決定的でした。大戦直後の一九四五年一〇月、サルトルがパリでおこなった講演には、大勢の人が詰めかけ、翌日の新聞では「文化的な事件」として報道されました。

多くの人々を惹きつけたサルトルの思想とはどのようなものでしょうか。主著『存在と無』のなかで、サルトルは「即自存在」と「対自存在」という概念を使って議論を展開しています。

即自存在とは、反省的な意識をもたない存在者のことです。簡単にいえば、人間以外の動物、植物、人工物はすべて即自存在です。動物は、一日の自分の行動を振り返ったりはしませんし、その意味では、物心つく前の赤ん坊も即自存在でしょう。

他方、**対自存在**とは、反省的に考えることのできる存在、つまり人間のことです。「いまの話し方はまずかったな」とか「なんだか緊張してきた」とか、人間は自分自身を反省的に考えることができます。

対自存在である人間について、サルトルは「それがあるところのものではなく、あらぬところのものである」と説明します。「あるところのもの」とは現在であり、「あらぬところろのもの」とは未来のことです。

人間は、現在の自分を反省的に考えることができる。ですから、現在に埋没するのではなく、**つねに現在の自分を否定して、未来に向かって新しい自分をつくりあげていくことができる**のが人間だということです。

このことをわかりやすく説明したのが先の講演です。この講演は、のちに『実存主義とは何か』という書名で刊行され、世界中でベストセラーとなりました。そのなかでとりわけ有名な一節が「実存は本質に先立つ」という言葉です。

本質と実存という対概念については、すでに説明しました。ハサミであれば、「切ることができる」ことがハサミの本質で、現実に目の前にあるハサミがハサミの実存（現実存在）です。

ハサミのようなモノは、人間がつくり出すものです。人間は、無意味にモノをつくるのではなく、何かを切るための道具としてハサミをつくります。つまり、本質にもとづいて現実のハサミがつくられるわけですから、**「本質→実存」**という順番になります。

それに対して、人間はモノのように、あらかじめ本質が決められて生まれるわけではありません。何ものでもない状態から、自分の力によって、自分の本質（自分が何ものである

実存は本質に先立つ

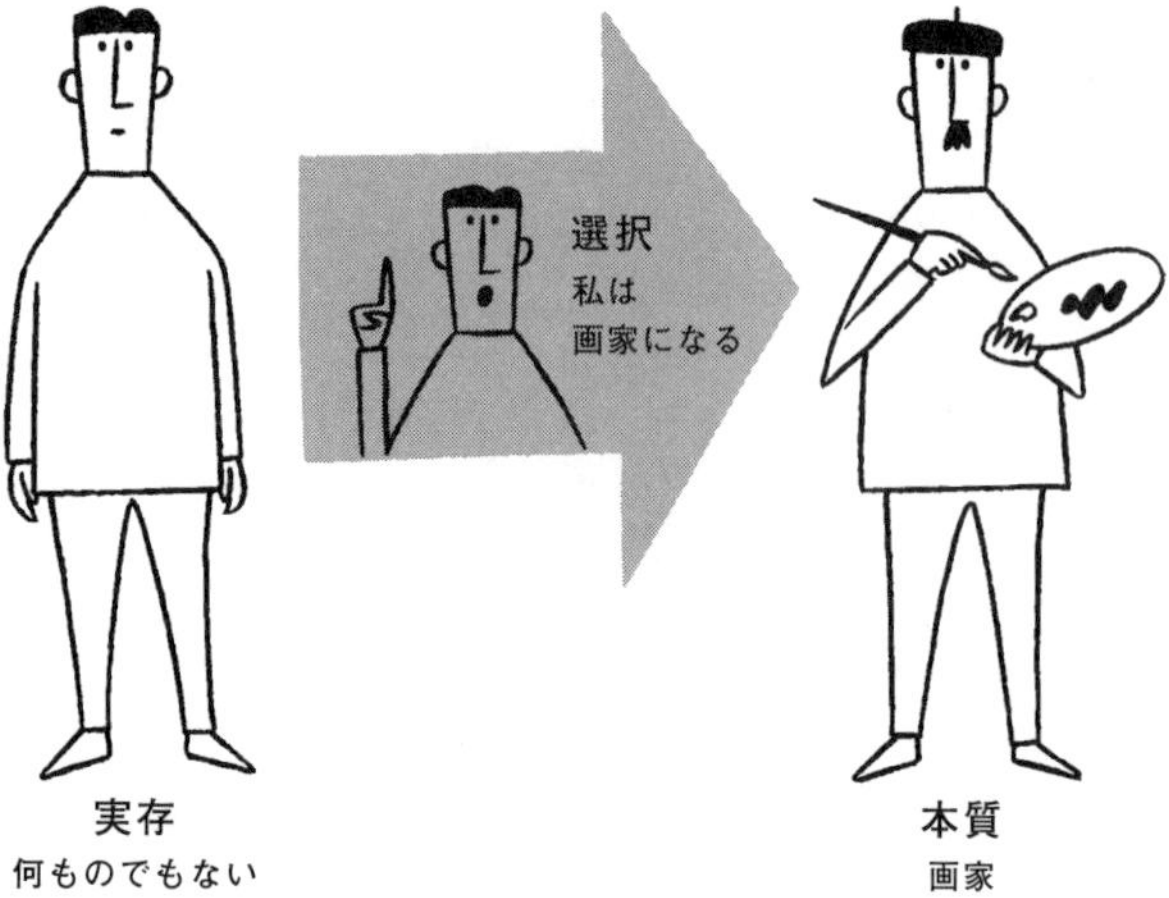

か）をつくりあげていくのです。

たとえば、小説家は生まれつき小説家だったわけではなく、自分で努力をして小説家になるのだし、野球選手もユーチューバーも会社員も同様です。

このように、人間の本質はあらかじめ決まっているものではなく、具体的な生き方が自分の本質をつくりあげていくことを、サルトルは**「実存は本質に先立つ」**と表現しました。

アンガージュマン――未来へのポジティブ思考

人間は、自分自身で本質をつくりあげていかねばならない。このことは、**人間**

にはさまざまな可能性から自分の本質をつくりあげることができる自由がある、ということでもあります。

もちろん、反論したい人もいるでしょう。誰もがプロのスポーツ選手になれるわけじゃないのだから、自由に本質をつくれるわけでもないだろう、と。

その批判はもっともですが、とはいえ、生まれつき本質が決まっているわけではないのですから、一定の自由はあると考えてよいでしょう。学生の就活にしても、何社も志望する程度の自由はあるわけです。

しかし、自由であるがゆえに、自分で決定して選んだことについては責任が生じる。会社を辞めてパン屋になることを決めたのであれば、パン屋として成功するかどうかは自分次第なのです。

自分で選んだ生き方には、自分で責任をもたねばならない。だからこそ、自由には「これを選んで大丈夫だろうか？」という不安がつねにつきまといます。しかも、自由にともなう不安は生きているかぎりずっと続く。その意味で、サルトルがいうように**「人間は自由の刑に処されている」**のです。

さらにサルトルは、個人が何かを選択したことの責任は、人類に対する責任でもあるといいます。たとえばサルトルによると、誰かと結婚をすることは、人類に対して「一夫一妻制」という制度の支持を表明することになるのです。

したがって、個人が自由のもとで何かを選択することは、何らかの社会や組織、制度にコミットすることでもある。このことをサルトルは「**アンガージュマン**」という概念で説明しました。英語でいう「コミットメント」です。

アンガージュマンは、自己拘束や社会参加などの意をもちます。すなわち、自分をある社会状況に投げ込んで自らを拘束すると同時に、**自分の自由な行為によってその社会を新たにつくりかえていかねばならない**、ということです。

大戦直後の人々は、平和の訪れを喜ぶと同時に、不安定な社会状況のもとで将来に対して大きな不安を抱えていました。日本も同様でしょう。おそらく誰もが、自分の実存と向き合わなければならない状態に置かれていたはずです。

サルトルの標榜《ひょうぼう》する実存主義は、そういった人々の不安を掬《すく》い取り、未来に向けたポジティブな生き方を示す良質の人生論として受容され、大いに歓迎されたのでしょう。

なお、本節では実存主義の代表としてキルケゴールとサルトルを取りあげましたが、高校倫理の教科書では、この二人のほかに、ニーチェやハイデガー、さらに本書では取りあげないカール・ヤスパース（一八八三～一九六九）という五人が実存主義の哲学者として解説されています。

キルケゴールは当初、彼の出身であるデンマーク以外ではほとんど無名でしたが、二〇世紀に入ってハイデガーやヤスパースらに大きな影響を与えたことで、その名が世界的に知られることになりました。ちょうど第一次世界大戦によってヨーロッパ全土が荒廃し、ヨーロッパ的理性に対する反省が迫られた時期です。その意味で、実存主義とは不安の時代にこそ求められる思想なのかもしれません。

解答と解説

ここまでの内容からキルケゴールが❺、サルトルが❶であることはすぐにわかります、ちなみに❷はライプニッツのモナド論、❸はシュヴァイツァーの「生命への畏敬《いけい》」という概念を説明したもの、❹は宗教改革を唱えたルターの思想です。

3 - 6

「言語ゲーム」って何だ？　ウィトゲンシュタインの軌跡

二〇世紀に入って、英米圏では「**分析哲学**」と呼ばれる哲学の潮流が生まれ、以降、英米哲学のなかで中心的な位置を占めるようになります。分析哲学とは言語分析を主流とする哲学ですが、このジャンルの形成に決定的な影響を及ぼしたのが、ルートヴィヒ・ウィトゲンシュタイン（一八八九〜一九五一）です。

ウィトゲンシュタインの哲学は、前期と後期によって大きく変化したことが知られています。次に引用する設問の資料文は、その変化を端的にまとめたものです。

問20　**次の文章は、言語をめぐるウィトゲンシュタインの思想を説明したものである。（a）〜（c）に入れる語句の組合せとして正しいものを、❶〜❻のうちから一つ選べ。**

ウィトゲンシュタインは最初、「語り得ぬものについては、沈黙せねばならない」という立場を取っていた。それによれば、（a）においては命題が真か偽かを確定し得るが、神や道徳などの問題に関する哲学や宗教の言語は、現実の事象との対応関係をもっておらず、語り得ぬものを語ろうとすることになってしまう。そして、これまでの哲学的問題の多くは、語り得ぬものを語ろうとしたために生じてきた、というのである。しかし、後に彼は、（b）における言語の使用や規則の習得について省察を深めていき、新たに（c）という概念を導入して、言語の問題を捉え直していった。こうした後期のウィトゲンシュタインの思想に従えば、（a）における言語の使用もまた、（b）に根差した多様な（c）の一つである、ということになる。

❶ a 日常生活 b 自然科学 c パラダイム
❷ a 日常生活 b 形而上学 c 言語ゲーム
❸ a 自然科学 b 日常生活 c パラダイム

❹ a 自然科学 b 日常生活 c 言語ゲーム
❺ a 形而上学 b 自然科学 c パラダイム
❻ a 形而上学 b 自然科学 c 言語ゲーム

（二〇一三年・センター本試験 第1問・問9）

語りえぬものについては、沈黙せねばならない

まずは、前期ウィトゲンシュタインの主著である『論理哲学論考』の内容から見ていくことにしましょう。

『論理哲学論考』は、不思議なスタイルで書かれた哲学書です。その冒頭は次のように始まります。

一　世界は成立していることがらの総体である。
一・一　世界は事実の総体であり、ものの総体ではない。
一・一一　世界は諸事実によって、そしてそれが事実のすべてであることによって、規定されている。

（『論理哲学論考』野矢茂樹訳、岩波文庫、一一三頁）

こんなふうに初めから終わりまで、番号が振られた箇条書きの文章が続き、「世界」と「思考」と「言語」の関係が考察されていきます。そのなかでもっとも有名な一節が、序文と末尾に登場する**「語りえぬものについては、沈黙せねばならない」**という言葉です。この一節は何を言おうとしているのでしょうか。

ウィトゲンシュタインにとって、語りえるものとは、事実かどうかを確かめることができることと同義でした。たとえば、「太郎はいま、ラーメンを食べている」という文（命題）は、現に太郎がいまラーメンを食べているかどうかを調べれば、真か偽かを判断することができます。

このことを逆にいえば、事実かどうかを確かめられないことは、語りえないということです。こう言われて、みなさんはどう思うでしょうか。私たちは、ふだん事実かどうかを確かめられないことでも、あれこれと話します。たとえば「世界が平和でありますように」という祈りのような言葉は、真か偽か、確かめようがありません。哲学にしても、プラトンのイデアやヘーゲルの世界精神などの存在は、確かめようがないわけです。

ウィトゲンシュタインにいわせると、「イデアは存在する」とか「人はよく生きるべきだ」といった真偽を確かめられない思考は、どれだけ議論を尽くしたところで結論の出ない無意味な営みだということになります。

「いかに生き、いかに死ぬか」は言語化不能

そこでウィトゲンシュタインが提出するのは、「**写像理論**」と呼ばれる考え方です。

写像理論とは、文（命題）を、世界を構成している事実の像として捉えることをいいます。ここで重要なことは、事実と、その像である文（命題）とは、どちらも同じ論理（思考）を共有しているということです。いわば論理（思考）を媒介にして、事実は文（命題）として模写される。

たとえばウィトゲンシュタインは、楽譜と音楽を、「像の関係」の例として挙げています。音楽はある規則にもとづいて楽譜として模写されるのですから、楽譜と音楽は、同じ論理を共有していることになります。

そして先の引用にあるように、「世界は事実の総体」ですから、論理的には、世界は、事実を正しく写した文（命題）の総体として捉えることができるのです。

とすると、文（命題）を正しく分析することが、世界のありようを理解することになる。ウィトゲンシュタインは『論理哲学論考』の序文でも、次のように述べています。

本書が全体としてもつ意義は、おおむね次のように要約されよう。およそ語られうることは明晰に語られうる。そして、論じえないことについては、ひとは沈黙せねばならない。

かくして、本書は思考に対して限界を引く。いや、むしろ、思考に対してではなく、思考されたことの表現に対してと言うべきだろう。（同前、九頁）

ここで述べられているように、ウィトゲンシュタインは、真偽を確かめられないような問題については「沈黙せねばならない」のであり、哲学的考察の対象に入れるべきではない、と考えた。それが**「思考に対して限界を引く」**ということです。

ただしこのことは、ウィトゲンシュタインが倫理のような言語的に考察できない問題を軽視したということではありません。彼は「世界の意義は世界の外になければならない」（同前、一四四頁）といいます。事実からできあがっている世界のなかでは、価値や倫理などの「意義」を語ることはできない。しかし、これらは世界の外にあって、世界を条件づけている。いかに生き、いかに死ぬかということは、沈黙のなかに示されるほかに方法はないのです。

「やばい」を哲学的に探究すると

前期ウィトゲンシュタインを代表する『論理哲学論考』は、その後、一九三〇年代のウィーンの思想家に圧倒的な影響を及ぼし、「論理実証主義」という思想運動に発展していきます。論理実証主義者たちは、知識の基盤を事実に求めたうえで、文（命題）の分析を通じて、形而上学のような無意味な言明を排除する姿勢を先鋭化させていきました。

一方、後期ウィトゲンシュタインは、写像理論の不備に気づき、『哲学探究』という著書のなかで**「言語ゲーム」**という新たな言語観を提出しました。

写像理論が想定する言語とは、日常的な言語ではなく、人工的な理想言語にすぎません。たとえば「おはよう」とか「いただきます」といった言葉は、写像理論の蚊帳《かや》の外に置かれてしまいます。

しかし、言語活動を意味あるものと無意味なものとにきっぱりと分けることができるの

「やばい」をめぐる言語ゲーム

「やばい」

か。写像理論に向けられたこうした批判から、ウィトゲンシュタインは自ら写像理論を否定したのです。

では、後期ウィトゲンシュタインを代表する「言語ゲーム」とはどのようなものでしょうか。たとえば「やばい」という言葉を考えてみましょう。

「やばい」という言葉は、ある場面では「すごい」の意味で用いられるし、ある場面では「まずい」「危ない」の意味で使われます。つまり**言葉の意味も、状況によって異なる。**

でも私たちは、「やばい」の多様な意味をあらかじめ知っているから、いろんな場面で「やばいね」を使い分けているわけではありません。日常生活のなかのさまざまな場面で、さまざまな他者との会話に触れることを通じて、「こういう場面では『やばい』と言えるのだな」ということを知り、自分でも使えるようになるわけです。

こうした言語のあり方を、ウィトゲンシュタインはゲームになぞらえて説明します。同じゲームであっても、野球とサッカーではルールがまったく違う。ボールのもつ意味も違うでしょう。言語も同じように、地域や文化、時代、分野、場面によって、ルールは異なります。

このようにウィトゲンシュタインは、言語活動を、特定のルールにもとづいて営まれる「言語ゲーム」として捉えました。私たちは**さまざまな言語ゲームに参加することを通じて、言葉の意味に習熟していく**のです。

「本質」ではなく「類似」

「言語ゲーム」という考え方には、もうひとつの含意があります。それは、「ゲーム」という言葉じたいも、本質的な定義を与えることはできないということです。

たとえば、じゃんけん、トランプ、人生ゲーム、オセロ、インベーダーゲーム、テトリス、ポケモン、サッカー、野球、囲碁、将棋といったさまざまなゲームを、一括りに定義できるような共通の性質はありません。しかし、テニスと卓球が似ているように、個々のゲームの間には類似する性質も発見することができます。

ウィトゲンシュタインは、個々のゲームが少しずつ似ている様子を、家族写真にたとえて説明しています。

父親と娘は目が似ているけれど、口元はあまり似ていない。母親と息子は耳の形が似ているけれど、鼻はあまり似ていない。家族それぞれは、互いに似通っている部分はあるけど、家族全員に共通する特徴を見いだすことはできません。でも、互いに似通っていることで、全体としては何らかのまとまりが感じられる。

ウィトゲンシュタインは、家族写真に見られるような、**ゆるやかな類似性のまとまり**を**「家族的類似性」**と呼んでいます。

言語ゲームや家族的類似性という考え方は、本質主義的な考え方の否定を示唆するものでもあります。本質主義では、あらゆる物事に共通してあてはまる性質があると考えます。プラトンのイデアはその典型でしょう。

「神とは何か」「善とは何か」「自由とは何か」「知識とは何か」と、西洋哲学の問いの多くは、本質主義的な解答を求めるものでした。

しかし言語がゲームであり、ゲームは家族的類似性によるゆるやかなまとまりでしかない以上、上記の概念に一義的な定義を与えることはできません。
その意味で、ウィトゲンシュタインの「言語ゲーム」もまた、前期の写像理論と同様、過去の哲学的思考に引導を渡すねらいがあったと見ていいでしょう。

解答と解説

（a）には、命題が真か偽かを確定し得る語句が入ります。選択肢には、日常生活、自然科学、形而上学の三つがあがっていますが、このなかで真か偽かを確定できるのは自然科学だけです。（b）は、すでに説明したとおり、後期ウィトゲンシュタインは、日常生活における言語についての考察を深め、その結果、（c）に入る「言語ゲーム」という概念を導入しました。したがって正解は❹です。

できるだけ「入門書」に絞って選んでみた。このなかの一冊でもいいので、ピンと来たものを、本書の次に読んでみてほしい。

●哲学史

絶版だが『**イラスト西洋哲学史（上・下）**』（小阪修平著、ひさうちみきお画、宝島社文庫）は、ぼくが学生時代から愛読している名著。この本の次に読んでほしい。『**反哲学史**』（木田元、講談社学術文庫）、『**反哲学入門**』（同、新潮文庫）は、著者の一貫した視座から大胆に西洋哲学の歴史を語っていて、読み物としても非常に面白い。『**短歌で詠む哲学史**』（山口拓夢、田畑書店）は、短歌で哲学のエッセンスを詠みきる前代未聞の入門書。新書では『**哲学マップ**』（貫成人、ちくま新書）、『**ヨーロッパ思想入門**』（岩田靖夫、岩波ジュニア新書）、『**西洋哲学史——古代から中世へ**』『**西洋哲学史——近代から現代へ**』（熊野純彦、岩波新書）、『**物語　哲学の歴史**』（伊藤邦武、中公新書）あたりが定番。それぞれ読み比べてみるのもいいだろう。高額ながら『**西洋政治思想史講義——精神史的考察**』（小野紀明、岩波書店）は読みだしたら止まらないほど知的刺激にあふれている。

手前味噌になってしまうが、ぼくが監修・編集をした『**哲学用語図鑑**』（田中正人、プレジデント社）、『**哲学大図鑑**』（ウィル・バッキンガム著、小須田健訳、三省堂）は、どちらも眺めるだけで楽しめるビジュアル系。学習参考書では、『**センター試験 倫理の点数が面白いほどとれる本**』（村中和之、KADOKAWA）の行き届いた解説が見事だ。

●古代・中世（第Ⅰ章）

古代ギリシャやギリシャ神話を身近に感じる本として『**古代ギリシャのリアル**』（藤村シシン、実業之日本社）が楽しく読める。『**初級者のためのギリシャ哲学の読み方・考え方**』（左近司祥子、だいわ文庫）は、きわめて平易ながら、ツボを押さえた入門書。ソクラテス以前の哲学者については『**哲学の原風景——古代ギリシアの知恵とことば**』（荻野弘之、NHKライブラリー）が、哲学の誕生現場をいきいきと描き出している。さらにくわしく知りたい人は『**ソクラテス以前の哲学者**』（廣川洋一、講談社学術文庫）へ手を伸ばそう。古代ギリシャの哲学者全般については、『**ギリシア哲学者列伝（上・中・下）**』（ディオゲネス・ラエルティオス著、加来彰俊訳・岩波文庫）が鉄板。豊富なエピソードを知ることができる。ソクラテス、プラトン、アリストテレスに関しては、手頃な入門書も多いので、書店や図書館などで気に入ったものを探してみよう。ヘレニズム期については『**ヘレニズムの思想家**』（岩崎允胤、講談社学術文庫）、『**ヘレニズム哲学——ストア派、エピクロス派、懐疑派**』（A・A・ロング著、金山弥平訳、京都大学学術出版会）が見通しのいい解説を与えてくれる。

中世は『**神を哲学した中世——ヨーロッパ精神の源流**』（八木雄二、新潮選書）、『**感じるスコラ哲学——存在と神を味わった中世**』（山内志朗、慶應義塾大学出版会）あたりがとっつきやすい。最近出版された『**アウグスティヌス——「心」の哲学者**』（出村和彦、岩波新書）と『**トマス・アクィナス——理性と神秘**』（山本芳久、岩波新書）の二冊は、二人の生涯とともに、難解な神学を一般読者に開いてくれる良書だ。

本書の内容を含む原典は、プラトン『**ソクラテスの弁明**』『**クリトン**』『**メノン**』『**国家**』、アリストテレス『**自然学**』『**形而上学**』『**ニコマコス倫理学**』『**政治学**』、マルクス・アウレリウス『**自省録**』、エピクロス『**エピクロス——教説と手紙**』、アウグスティヌス『**告白**』『**神の国**』、トマス・アクィナス『**神学大全**』。まずはもっとも読みやすい『**ソクラテスの弁明**』から読んでみよう。複数の邦訳書が出ているが、解説の充実度では納富信留訳の光文社古典新訳文庫が群を抜く。

●近代（第Ⅱ章）

ベーコンに始まるイギリス経験論については『**英米哲学史講義**』（一ノ瀬正樹、ちくま学芸文庫）がダントツのおすすめ。本書で扱ったプラグマティズムやウィトゲンシュタインの解説もある。

デカルトは、『**デカルト入門**』（小林道夫、ちくま新書）、『**デカルト**』（野田又夫、岩波新書）の二冊が定番の入門書。『**デカルトの憂鬱――マイナスの感情を確実に乗り越える方法**』（津崎良典、扶桑社）はいままでになかったデカルト流人生指南書。

ロックは、『**ロック入門講義**』（冨田恭彦、ちくま学芸文庫）、『**ジョン・ロック――神と人間との間**』（加藤節、岩波新書）が手軽に読める。難解なスピノザの『**エチカ**』を読むなら『**スピノザの世界――神あるいは自然**』（上野修、講談社現代新書）が最良の伴走者になってくれる。『**感じる脳――情動と感情の脳科学 よみがえるスピノザ**』（アントニオ・R・ダマシオ著、田中三彦訳、ダイヤモンド社）は、第一線の脳科学者がスピノザを手がかりに感情や情動の謎に迫る本。スピノザの現代性の一端が窺える。『**スピノザの方法**』（國分功一郎・みすず書房）は、デカルトとは異なる「方法」を提示したスピノザに光をあてる。本格的な学術書ではあるが、じっくり読めば初学者でも読破できる。同著者による『**中動態の世界――意志と責任の考古学**』（國分功一郎、医学書院）もスピノザ理解を助けてくれる。

ライプニッツの手頃な入門書は少ない。『**哲学のエッセンス ライプニッツ――なぜ私は世界にひとりしかいないのか**』（山内志朗・NHK出版）や『**知の教科書 ライプニッツ**』（フランクリン・パーキンズ著、梅原宏司・川口典成訳、講談社選書メチエ）で概観をつかんで、『**ライプニッツの情報物理学――実体と現象をコードでつなぐ**』（内井惣七、中公叢書）へと進むのがいいだろう。

逆にカント入門書はたんまりとある。もっとも入りやすいのは、『**自分で考える勇気――カント哲学入門**』（御子柴善之・岩波ジュニア新書）だろう。レベルを落とすことなく、高校生でも読める平易な文章でカント哲学のエッセンスを伝えている。入門書の鑑《かがみ》のような本だ。絶版ながら『**カントはこう考えた——人はなぜ「なぜ」と問うのか**』（石川文康、ちくま学芸文庫）も出色の入門書。姉妹版である『**カント入門**』（石川文康、ちくま新書）との併読をすすめたい。『**カント入門講義——超越論的観念論のロジック**』（冨田恭彦、ちくま学芸文庫）は、批判的にカント入門をはたすユニークな一冊。

ヘーゲルについては『**ヘーゲル・大人のなりかた**』（西研、NHKブックス）と『**新しいヘーゲル**』（長谷川宏、講談社現代新書）がなんといってもわかりやすい。どれか一冊となれば、西研さんの本をすすめたい。当時の時代状況からヘーゲルの主要著作を読み直す『**ヘーゲルとその時代**』（権左武志、岩波新書）も原典へのいい橋渡しをしてくれるだろう。本格派は『**ヘーゲル——〈他なるもの〉をめぐる思考**』（熊野純彦、筑摩書房）をぜひ。哲学を解釈する楽しさを存分に味わえる。

本書の内容を含む原典は、ベーコン『**学問の進歩**』『**ノヴム・オルガヌム——新機関**』、デカルト『**方法序説**』『**省察**』、スピノザ『**エチカ**』、ライプニッツ『**モナドロジー**』、ロック『**人間知性論**』、バークリー『**人知原理論**』、ヒューム『**人性論**』、カント『**純粋理性批判**』『**実践理性批判**』『**人倫の形而上学の基礎づけ**』、ヘーゲル『**精神現象学**』『**歴史哲学講義**』『**法の哲学**』。このなかではデカルト『**方法序説**』がもっとも読みやすいが、できれば『**省察**』とセットで読んでほしい。どの邦訳書でもいいが、解説はちくま学芸文庫版が充実している。

●**近代批判**（第Ⅲ章）

マルクスは『**カール・マルクス――「資本主義」と闘った社会思想家**』（佐々木隆治、ちくま新書）がダントツでおすすめ。その後に同著者による『**シリーズ世界の思想　マルクス　資本論**』（佐々木隆治、角川選書）、『**マルクス　資本論の哲学**』（熊野純彦、岩波新書）、『**『資本論』の新しい読み方――21世紀のマルクス入門**』（ミヒャエル・ハインリッヒ著、明石英人・佐々木隆治・斎藤幸平・隅田聡一郎訳、堀之内出版）などを読み込み、『**資本論**』本体に挑戦してもらいたい。

ニーチェは、『**飲茶の「最強」のニーチェ**』（飲茶、水王舎）や、ぼく自身が編集に携わった『**知識ゼロからのニーチェ入門**』（竹田青嗣・西研著、藤野美奈子画、幻冬舎）で全体像をつかんでおくといい。後者の藤野さんによるマンガ版『**ツァラトゥストラ**』は絶品。その後は、『**ニーチェ入門**』（竹田青嗣、ちくま新書）、『**これがニーチェだ**』（永井均、講談社現代新書）、『**ニーチェ――ニヒリズムを生きる**』（中島義道、河出ブックス）あたりを読み比べてみるといいだろう。

プラグマティズムは、『**希望の思想　プラグマティズム入門**』（大賀祐樹、筑摩選書）、『**プラグマティズム入門講義**』（仲正昌樹、作品社）、『**プラグマティズム入門**』（伊藤邦武、ちくま新書）を読んでから原典に進みたい。

ハイデガーは、『**誰にもわかるハイデガー――文学部唯野教授・最終講義**』（筒井康隆、河出書房新社）がピカイチ。その後に、『**ハイデガー『存在と時間』入門**』（轟孝夫、講談社現代新書）へと進むと、

『存在と時間』と取っ組み合える。

実存主義全体を見渡すなら、絶版だが**『実存主義』**（松浪信三郎、岩波新書）が簡便な一冊。キルケゴールは「人と思想」シリーズの**『キルケゴール』**（工藤綏夫、清水書院）がピカイチ。サルトルはどちらも絶版だが**『サルトル――「人間」の思想の可能性』**（海老坂武、岩波新書）、**『哲学のエッセンス　サルトル――失われた直接性をもとめて』**（梅木達郎、NHK出版）のどちらかを読んでから、サルトル自身の**『実存主義とは何か』**（J-P・サルトル著、伊吹武彦訳、人文書院）に進んでみよう。

ウィトゲンシュタインは、**『ウィトゲンシュタイン『論理哲学論考』を読む』**（野矢茂樹、ちくま学芸文庫）、**『ウィトゲンシュタイン入門』**（永井均、ちくま新書）、**『ウィトゲンシュタインはこう考えた――哲学的思考の全軌跡1912―1951』**（鬼界彰夫、講談社現代新書）、**『哲学のエッセンス　ウィトゲンシュタイン――「私」は消去できるか』**（入不二基義、NHK出版）はいずれもすばらしい入門書。コンパクトな入不二さんの本から読んで、ウィトゲンシュタインの面白さを堪能してほしい。

本書の内容を含む原典は、マルクス**『経済学批判』『共産党宣言』『資本論』**、ニーチェ**『ツァラトゥストラ』『偶像の黄昏』『愉しい学問』『善悪の彼岸』『道徳の系譜学』『権力への意志』**、ジェイムズ**『プラグマティズム』**、デューイ**『哲学の改造』**、ハイデガー**『存在と時間』『技術への問い』**、キルケゴール**『哲学的断片への結びとしての非学問的あとがき』『死に至る病』**、サルトル**『存在と無』『実存主義とは何か』**、ウィトゲンシュタイン**『論理哲学論考』『哲学探求』**。どれか一冊とは絞れないので、関心に応じて手にとってみてほしい。

あとがき

センター試験に出題される高校倫理の内容が、哲学入門にも使えそうだと思ったのは、『哲学用語図鑑』（プレジデント社）を編集しているときだった。哲学の用語や概念をわかりやすく嚙み砕いて説明する際、ブ厚い哲学事典よりも、倫理の教科書や参考書、用語集のほうが役立つことが多かったのだ。

が、倫理は入試科目としては脇役に追いやられている。国公立の二次試験や私大の入試ではほとんど出題されないため、センター倫理の受験者数も他科目に比べて格段に少ないのが現状だ。

これはすごくもったいない。日本史や世界史を概観するのに高校の教科書が役立つように、大学生や社会人が哲学のあらましを知るうえで、高校倫理の内容は難易度としてちょうどいい塩梅《あんばい》なのだ。

むろん、本書のタイトルや内容を見て、違和感をもつ人もきっといるに違いない。哲学の原義である「知を愛し求める」態度からすれば、センター試験と結びつけて哲学を解説する本なんて邪道もいいところだろう。実際、現状のセンター倫理は、受験生にとってほとんど暗記科目になってしまっている。知人の予備校講師も「試験に出ないことを話すとクレームが入る」とこぼしていた。現代にソクラテスがいれば、こっぴどく叱られそうだ。

でもその一方で、過去二〇年ほどのセンター倫理を読み込むと、出題者の苦心のさまもよく見えてくる。きっと出題者だって、プラトンやデカルトの思想をマークシート式で答えさせたくはないはずだ。選択肢問題という制約のなかで、どれだけ哲学や思想の本質的な理解を問うことができるのか。その工夫が、問題文や資料文、原典からの引用、個々の設問内容などにあらわれている。

本書で、センター倫理の問題を導入として用いた理由もそこにある。出題者の工夫が詰まったセンター倫理の問題は、「大学合格のため」という意識を外せば、哲学に入門するうえで適切なガイド役となってくれるのだ。

*

僕は、大学の哲学科を卒業した後、通信添削の老舗《しにせ》Z会に入社し、国語や小論文の教材の編集を担当した。フリーランスになってからは、広く人文科学・社会科学に関する本や記事の編集・構成に携わってきたが、その傍ら、学習参考書の編集や執筆も手がけてきた。総じて言えば、高校までの勉強と、アカデミックな知の世界との「橋渡し」をするような仕事が多かったし、意識的にそういう仕事を選んできたと思う。その意味では、高校倫理と哲学のあいだの橋渡しを企図した本書も、これまでの仕事の延長上にある。

とはいえ、この本は、一般読者向けの本としては初めての著作であり、自分にとって特別な意味を持っている。その一冊を、編集の大場旦さんとつくることができてよかった。大場さんとは、ここ一〇年、ずっと一緒に本をつくり続けてきた。本書も大場さんの伴走があったからこそ書き上げることができた。心から感謝したい。また、素敵なイラストを描いていただいた平田利之さん、本書のゲラを読んで貴重な助言をくださった富増章成さん、本書執筆のきっかけともなった『哲学用語図鑑』の著者の田中正人さん、編集者の中嶋愛さんにもお礼を申し上げたい。

斎藤哲也

二〇一八年八月吉日

編集協力　富増章成
校閲　猪熊良子
イラスト　平田利之
DTP　角谷　剛

斎藤哲也 さいとう・てつや
1971年生まれ。ライター・編集者。
東京大学文学部哲学科卒業。
人文思想系から経済・ビジネスまで、
幅広い分野の書籍の編集・構成を手がける。
編集・監修に『哲学用語図鑑』『続・哲学用語図鑑
――中国・日本・英米(分析哲学)編』(プレジデント社)、
『現代思想入門』(仲正昌樹ほか著・PHP研究所)など。
著書に『もっと試験に出る哲学
――「入試問題」で東洋思想に入門する』(NHK出版新書)
『読解 評論文キーワード』(筑摩書房)など。
「文化系トークラジオ Life」(TBSラジオ)
サブパーソナリティーとして出演中。

NHK出版新書 563

試験に出る哲学
「センター試験」で西洋思想に入門する

2018年 9月10日 第1刷発行
2021年 7月10日 第5刷発行

著者 斎藤哲也

発行者 土井成紀

発行所 NHK出版
〒150-8081東京都渋谷区宇田川町41-1
電話 (0570) 002-247 (編集) (0570) 000-321(注文)
http://www.nhk-book.co.jp (ホームページ)
振替 00110-1-49701

ブックデザイン albireo

印刷 新藤慶昌堂・近代美術

製本 藤田製本

Printed in Japan ISBN978-4-14-088563-5 C0210

NHK出版新書好評既刊

ジェロントロジー宣言
「知の再武装」で100歳人生を生き抜く

寺島実郎

自分と社会を変えていく学問「ジェロントロジー」。なぜ必要なのか？ どう身に付けるべきか？ 知の巨匠による、新・学問のすすめ。

560

平成論
「生きづらさ」の30年を考える

池上 彰　上田紀行
中島岳志　弓山達也

二〇一九年四月三十日、「平成」が終わる。東工大リベラルアーツ研究教育院の教授四人が、「宗教と社会」を軸に、激動の時代を総括する。

561

子どもの英語にどう向き合うか

鳥飼玖美子

2020年からの小学校英語「教科化」が不安視されている中、親がとるべき姿勢とは？ 早期英語教育の問題点も提起しつつ、その心得を説く。

562

試験に出る哲学
「センター試験」で西洋思想に入門する

斎藤哲也

ソクラテスから現代思想まで、センター倫理20問を解き、解説とイラストを楽しむうちに基本がサラリと身につく。学び直しに最適の1冊！

563

薩摩の密偵 桐野利秋
「人斬り半次郎」の真実

桐野作人

幕府と雄藩の間で繰り広げられた情報戦とは？ 西南戦争開戦の本当の理由とは？ 激動の時代に暗躍した謎に満ちた男の実像に迫る、初の本格評伝。

564